得伟君尚TMT行业法律研究丛书

网络安全法合规操作指引

万方　余凯　著　　顾问　蔡学恩

COMPLIANCE GUIDANCE FOR CYBERSECURITY LAW

WUHAN UNIVERSITY PRESS
武汉大学出版社

图书在版编目(CIP)数据

网络安全法合规操作指引/万方,余凯著 .—武汉:武汉大学出版社,2019.9(2022.8 重印)
得伟君尚 TMT 行业法律研究丛书/万方主编
ISBN 978-7-307-21073-8

Ⅰ.网… Ⅱ.①万… ②余… Ⅲ.计算机网络—科学技术管理法规—基本知识—中国 Ⅳ.D922.174

中国版本图书馆 CIP 数据核字(2019)第 155769 号

责任编辑:陈 帆 责任校对:汪欣怡 整体设计:马 佳

出版发行: **武汉大学出版社** (430072 武昌 珞珈山)
(电子邮箱: cbs22@ whu.edu.cn 网址: www.wdp. com.cn)
印刷: 武汉邮科印务有限公司
开本:720×1000 1/16 印张:14.25 字数:203 千字 插页:2
版次:2019 年 9 月第 1 版 2022 年 8 月第 2 次印刷
ISBN 978-7-307-21073-8 定价:43. 00 元

作者简介

万方

湖北得伟君尚（湖北自贸区武汉片区）律师事务所执行主任、TMT事业部主任、中世律所联盟TMT行业法律研究中心主任、中国地质大学（武汉）法律硕士教育中心兼职指导导师。毕业于武汉大学，获得法律硕士学位和经济学学士（电子商务方向）学位。

曾任武汉斗鱼TV法务经理、广州荔枝FM法务总监，曾代表公司处理多起与腾讯、阿里巴巴、华多网络、优酷等公司的大型商务谈判，并作为代理人处理与上述公司的知识产权、不正当竞争、合同等纠纷，也处理过多起涉计算机网络和信息数据方面的犯罪案件。在网络安全合规、知识产权、公司治理、争议解决等方面具有丰富的经验。

邮箱：wanfang@tmt-lawyer.com

余凯

湖北得伟君尚（湖北自贸区武汉片区）律师事务所律师、TMT事业部合伙人、专利代理人。毕业于华中科技大学和中国社会科学院，拥有工学学士（热能与动力工程）学位和法律硕士（知识产权方向）学位。

曾执业于北京市金杜律师事务所，为华为、卡西欧、美国迪尔、迈图新材料、意大利比亚乔、CNTV等众多知名企业提供法律服务。在知识产权、商业秘密、不正当竞争、反垄断等各类争议解决领域有丰富的实践经验。

前　言

在“保障网络安全，维护网络空间主权和国家安全、社会公共利益，保护公民、法人和其他组织的合法权益，促进经济社会信息化健康发展”的背景下，《中华人民共和国网络安全法》(以下简称《网络安全法》)颁布施行。自《网络安全法》施行以来，立法机关、行政主管部门和专家学者对其都有诸多系统详尽的解读，为了能够在理论认知外帮助网络安全责任主体落实网络安全合规责任，我们编写了本操作指引。

作为法律实务工作者，在编写这本操作指引时，我们的初衷是为网络安全合规的具体落地探索一个可作为参考的操作方案。因此读者在阅读时可以发现，除了必要的法律法规解读外，这本操作指引中主要内容集中在网络安全尽职调查类目及实用表格清单上。

具体来说，本操作指引共有五个章节及附录，整体上又可以分为四个部分。

第一章到第三章主要是对《网络安全法》的解读，一方面系统解读了《网络安全法》中关键信息基础设施、个人信息保护、数据出境安全评估、网络产品和服务安全审查、网络安全等级保护制度等主要内容；另一方面为了突出重点，我们提炼出《网络安全法》合规的十大核心责任。

第四章是本操作指引的核心部分和特色内容。我们按照《网络安全法》及配套法规的要求整理了包括4大项99小项的网络安全合规尽职调查清单。除此之外，我们还整理出网络安全合规所需要的常用文件和表格，包括10份制度文件和42份示例表格，这些文件和表格可以满足不同主体网络安全合规的基本需要。

第五章是比较典型的《网络安全法》相关案例及评析，选取的这些处罚案例涵盖了机关事业单位、高等院校、互联网企业、跨国企业、网络用户等各类主体，涉及的违法行为也涵盖了实名制、安全等级保护制度、个人信息保护、高危漏洞等各类行为，具有比较广泛的示例意义和参考价值。

附录是规范性法律文件的汇编，包括网络安全领域的相关法律、行政法规、部门规章、司法解释、规范性文件和相关国家标准及行业标准，比较全面地呈现了网络安全领域的法规现状，可以作为读者延伸阅读的索引。

综上，我们希望这本操作指引可以为各单位的网络安全负责人和广大的网络安全管理人员在网络安全合规工作上提供帮助，但由于时间和能力有限，我们的探索与尝试也存在讹误与失当之处，在此恳请各位读者不吝指正！

适 用 对 象

《网络安全法》于 2017 年 6 月 1 日正式施行，是我国网络安全领域的基础性法律，是国家安全领域的一部重要性法律。它的颁布施行，对于落实总体国家安全观，维护国家网络空间主权、安全和发展利益具有十分重要的意义。

根据该法第 2 条及第 31 条之规定，所有涉网①主体都是其规制对象，尤其是政府、金融、公共通信、能源、交通、水利、教育、医疗卫生、社会保险、环境保护、公用事业、国防科工、电子商务、电子政务、食品药品等被划入关键信息基础设施(CII)行列的主体，需面对更高标准的网络安全合规要求。

本操作指引，包含了《网络安全法》的核心内容解读、十大核心法律责任梳理、典型案例评析、法律法规汇编，同时提供了网络安全合规体系架构、尽职调查清单及常用文件与表格，能够满足前述主体网络安全合规常规需求，相关单位负责人和网络安全管理人员可以参照本操作指引并结合本单位的实际情况履行网络安全法律义务。

---

① 《网络安全法》第 76 条第 1 款：网络，是指由计算机或者其他信息终端及相关设备组成的按照一定的规则和程序对信息进行收集、存储、传输、交换、处理的系统。

目　录

第一章 《网络安全法》的立法背景和意义

2016年11月7日，十二届全国人大常委会经表决高票通过了《网络安全法》，该法已于2017年6月1日起正式施行。作为我国的网络安全基本法，《网络安全法》是网络安全领域“依法治国”的重要体现，对保障我国网络安全有着重大意义。

（一）立法背景：网络安全已经成为关系国家安全和发展，关系广大人民群众切身利益的重大问题

在信息化时代，网络已经深刻地融入经济、社会、生活的各个方面，网络安全威胁也随之向经济社会的各个层面渗透，网络安全的重要性不断提高。

一方面，党的十八大以来，以习近平同志为核心的党中央从总体国家安全观出发，对加强国家网络安全工作作出了重要的部署，对加强网络安全法治建设提出了明确的要求，制定《网络安全法》是适应我们国家网络安全工作新形势、新任务，落实中央决策部署，保障网络安全和发展利益的重大举措，是落实国家总体安全观的重要举措。

另一方面，中国是网络大国，也是面临网络安全威胁最严重的国家之一，因此迫切需要建立和完善网络安全的法律制度，提高全社会的网络安全意识和网络安全保障水平，使我们的网络更加安全，更加开放，更加便利，也更加充满活力。

在这样的形势下，制定《网络安全法》是维护国家广大人民群众切身利益的需要，是维护网络安全的客观需要，是落实国家总体安全观的

重要举措。

(二)立法意义：肇基和里程碑

《网络安全法》的出台具有里程碑式的意义。它是全面落实党的十八大和十八届三中、四中、五中、六中全会相关决策部署的重大举措，是我国第一部网络安全的专门性综合性立法，提出了应对网络安全挑战这一全球性问题的中国方案。此次立法进程的迅速推进，显示了党和国家对网络安全问题的高度重视，是我国网络安全法治建设的一个重大战略契机。网络安全有法可依，信息安全行业将由合规性驱动过渡到合规性和强制性驱动并重。《网络安全法》对于确立国家网络安全基本管理制度的意义，具体表现为六个方面：一是服务于国家网络安全战略和网络强国战略；二是助力网络空间治理，护航"互联网+"；三是构建我国首部网络空间管辖基本法；四是提供维护国家网络主权的法律依据；五是有利于在网络空间领域贯彻落实依法治国精神；六是为网络参与者提供普遍法律准则和依据。

《网络安全法》的出台是为了保障网络安全，维护网络空间主权和国家安全、社会公共利益，保护公民、法人和其他组织的合法权益，促进社会信息化的健康发展。其颁布，可谓是应时而生、因势而起，其影响也必将是深远的。

第二章 《网络安全法》重要法律制度解读

第一节 《网络安全法》下的企业责任

作为我国的网络安全基本法，《网络安全法》在“没有网络安全就没有国家安全，没有信息化就没有现代化”的强音下颁布实施，是网络安全领域“依法治国”的重要体现，对保障我国网络安全有着重大意义。

《网络安全法》全文共 7 章 79 条，包括总则、网络安全支持与促进、网络运行安全、网络信息安全、监测预警与应急处置、法律责任以及附则。其中第二章网络安全支持与促进和第五章监测预警与应急处置主要涉及国家机关的法定权责，而对于企业的责任和义务则集中规定在第三章和第四章，从第 21 条到第 50 条的 30 个法条中，经过梳理，可以将其分为网络运行安全保护、个人信息保护、协助和报告三类责任，下文将逐一进行解读分析。

一、网络运行安全保护责任

网络运行安全保护是企业在《网络安全法》下的核心责任，在《网络安全法》的第三章作了集中规定，并且根据主体的差异，对一般性的主体作出了一般规定，而对关键信息基础设施的运营者作出了特别规定。

（一）一般规定

对于一般性主体的网络运行安全保护责任，可以分为以下六个方面：

1. 安全等级保护制度

《网络安全法》第 21 条对于网络运营者应落实网络安全等级保护制度，履行具体安全保护义务作出了较详尽的规定，同时在第 59 条中明确了相应的法律责任，包括责令整改、警告及罚款等。具体来说，除兜底条款外，还有 4 项主要义务，包括：①制定内部安全管理制度和操作规程，确定网络安全负责人；②采取防范计算机病毒和网络攻击、网络侵入等危害网络安全行为的技术措施；③采取监测、记录网络运行状态、网络安全事件的技术措施，并留存相关的网络日志不少于六个月；④采取数据分类、重要数据备份和加密。

2. 实名制

《网络安全法》第 24 条第 1 款规定了"网络运营者为用户办理网络接入、域名注册服务，办理固定电话、移动电话等入网手续，或者为用户提供信息发布、即时通讯等服务，在与用户签订协议或者确认提供服务时，应当要求用户提供真实身份信息。用户不提供真实身份信息的，网络运营者不得为其提供相关服务"。这也就是我们日常所说的实名制要求，企业违反本条规定的，主管部门可视情节不同，依照《网络安全法》第 61 条予以处罚，处罚方式包括责令整改、罚款、吊销营业执照等。2017 年 8 月和 9 月，"BOSS 直聘"和阿里云均因未落实用户实名制分别受到北京市网信办、天津市网信办和广东省通信管理局的处罚。

3. 网络安全事件应急预案及安全风险处置

对网络运营者而言，当发生网络安全事件时，如果有可供执行的应急预案，并能够积极处置安全风险，那么可能就会很大程度地降低网络安全事件造成的损害，因而《网络安全法》第 25 条明确了网络运营者应当制定网络安全事件应急预案，并且需要及时处置系统漏洞、计算机病毒、网络攻击、网络侵入等安全风险。企业违反前述规定的，主管部门将依据《网络安全法》第 59 条第 1 款进行处罚，处罚方式包括责令整改、警告及罚款等。

4. 持续安全维护

网络产品和服务提供者就其提供的产品和服务进行持续安全维护，这原本属于提供者和购买者之间的合同义务，但《网络安全法》第 22 条第 2 款基于保障网络运行安全考虑，将这一义务法定化，要求网络产品、服务的提供者应当为其产品、服务持续提供安全维护，并在法律规定或者当事人约定的期限内，不得终止提供安全维护。同时还在第 60 条中设定了具体的法律责任，包括警告和罚款等。

5. 禁止设置恶意程序

鉴于网络产品和服务提供者存在一些不规范设置恶意程序的情况，为了规范市场主体的行为，《网络安全法》第 22 条第 1 款特别明确了网络产品、服务的提供者不得设置恶意程序的要求。企业违反此规定的，主管部门可以依据《网络安全法》第 60 条视违法情节予以相应处罚，具体包括警告和罚款等方式。

6. 禁止从事或协助实施危害网络安全活动

《网络安全法》第 27 条规定任何个人和组织不得从事非法侵入他人网络、干扰他人网络正常功能、窃取网络数据等危害网络安全的活动；不得提供专门用于从事侵入网络、干扰网络正常功能及防护措施、窃取网络数据等危害网络安全活动的程序、工具；明知他人从事危害网络安全的活动的，不得为其提供技术支持、广告推广、支付结算等帮助。

（二）关键信息基础设施的运营者的特别责任

除一般规定外，鉴于关键信息基础设施（CII）对国家网络安全的特殊意义，《网络安全法》用专门一节对其运营者作了特别的规定，具体包括：

1. 更严格的安全等级保护制度

对比一般规定，《网络安全法》第34条对于CII运营者提出了更高的要求，具体是：①设置专门安全管理机构和安全管理负责人，并对负责人和关键岗位的人员进行安全背景审查；②定期对从业人员进行网络安全教育、技术培训和技能考核；③对重要系统和数据库进行容灾备份；④制定网络安全事件应急预案，并定期进行演练。

2. 数据跨境转移限制

在强调网络空间主权和数据安全的背景下，《网络安全法》第37条明确要求CII运营者在境内收集和产生的个人信息和数据应当在境内存储，如果确实需要向境外提供的需要进行安全评估。

3. 采购行为的安全审查

《网络安全法》第35条对CII运营者采购网络产品和服务提出了一项具体的要求，即对于可能涉及国家安全的，相关的采购活动还需要通过网信部门的国家安全审查。对于向外资企业采购相关产品和服务的CII运营者而言，可能需要加强对该规定的关注。

4. 采购需签订安全保密协议

除《网络安全法》第35条规定的安全审查制度外，根据《网络安全法》第36条的规定，CII运营者在采购活动中，还应当与产品或服务的提供者签订安全保密协议，明确安全和保密义务与责任。

5. 安全检测评估制度

《网络安全法》第38条规定，关键信息基础设施的运营者(CIIO)应当自行或者委托网络安全服务机构对其网络的安全性和可能存在的风险每年至少进行一次检测评估，并将检测评估情况和改进措施报送相关负责关键信息基础设施安全保护工作的部门。本条是要求CIIO履行相应的义务，但是加强对关键信息技术设施的安全保护首先要了解系统自身的脆弱性和所面临的风险，开展安全检测评估是获取此类信息的重要途径，也将为科学、合理地制定相应的安全保护策略、配置安全保护措施提供依据。为此，全国信息安全标准化技术委员会发布了《信息安全技

术 关键信息基础设施安全检查评估指南(征求意见稿)》(以下简称《评估指南》),并向社会广泛征求意见。《评估指南》细化了《网络安全法》的上述要求,为CIIO自行开展监测评估提供了实施依据。

二、个人信息保护责任

保护公民的合法权益是《网络安全法》的主要立法目的之一,落实到具体内容中,其核心便是个人信息保护制度。《网络安全法》第四章详尽地规定了企业在个人信息保护方面需承担的责任。为了方便理解,本书结合2004年APEC隐私框架确定的九大原则来梳理《网络安全法》的具体条文内容。

APEC隐私框架	《网络安全法》的规定
预防损害原则	49条:网络运营者应当建立网络信息安全投诉、举报制度,公布投诉、举报方式等信息,及时受理并处理有关网络信息安全的投诉与举报。
告知原则	41条:网络运营者收集、使用个人信息,应公开收集、使用规则,明示收集、使用信息的目的、方式和范围。
收集限制原则	41条:网络运营者收集、使用个人信息,应当遵循合法、正当、必要原则;不得收集与其服务提供无关的个人信息。
个人信息使用原则	41条:不得违反法律、行政法规的规范和双方约定收集、使用个人信息,并按法律、行政法规规定和用户约定,处理其保存的个人信息。 42条:未经被收集者同意,不得向他人提供个人信息,但是经过处理无法识别特定个人且不能复原的除外。 44条:不得非法出售或非法向他人提供个人信息。
自主选择原则	41条:网络运营者收集、使用个人信息,应经被收集者同意。
完整性原则	42条:网络运营者不得泄露、篡改、毁损其收集的个人信息。

续表

APEC 隐私框架	《网络安全法》的规定
安全保障原则	40 条：网络运营者对其收集的用户信息严格保密，建立健全用户信息保护制度。 42 条：网络运营者应当采取技术措施和其他必要措施，确保信息安全防止在业务活动中收集的公民个人电子信息泄露、毁损、丢失。
查阅及更正原则	43 条：个人发现网络运营者违反法律、行政法规的规定或双方约定收集、使用个人信息的，有权要求删除其个人信息，发现有错误的有权要求网络运营者更正。
问责原则	《网络安全法》第六章“法律责任”。

三、协助和报告责任

除前述网络安全运行责任和个人信息保护责任外，对于企业而言，《网络安全法》网安法项下还有一个较为重要的责任，就是协助和报告责任，我们将散见于各条的协助和报告责任汇总如下：

协助和报告责任	《网络安全法》的规定
安全缺陷、漏洞报告	22 条：发现网络产品、服务存在安全缺陷、漏洞等风险时，应当及时向有关主管部门报告。
网安事件报告	25 条：发生危害网络安全的事件时，按照规定向有关主管部门报告。
用户违法信息报告	47 条：加强对其用户发布的信息的管理，发现禁止发布或者传输的信息的，应当立即停止传输该信息，采取消除等处置措施，防止信息扩散，保存有关记录，并向有关主管部门报告。

续表

协助和报告责任	《网络安全法》的规定
协助侦查犯罪	28 条：应当为公安机关、国家安全机关依法维护国家安全和侦查犯罪的活动提供技术支持和协助。
配合监督检查	49 条：对网信部门和有关部门依法实施的监督检查，应当予以配合。

第二节　关键信息基础设施

在《网络安全法》中规定了"关键信息基础设施(CII)"提供者的相关义务和规则，对其在网络运营者的义务基础上，增加了特殊的责任。但总的来看，《网络安全法》多为原则性的规定，缺乏具体细化的措施。随后，国家互联网信息办公室于 2017 年 7 月 12 日发布了《关键信息基础设施安全保护条例(征求意见稿)》(以下简称《安全保护条例》)，该条例属于《网络安全法》的重要配套规定和下位法，对于关键信息基础设施有比较具体细化的规定。另外，在 2016 年 6 月中央网信办网络安全协调局制定的《国家网络安全检查操作指南》(以下简称《操作指南》)中也有关于关键信息基础设施的细则规定。本书将结合《网络安全法》《安全保护条例》和《操作指南》三份规范性文件，对"关键信息基础设施(CII)"这一主题进行解读。

一、关键信息基础设施的定义及范围

对于何为关键信息基础设施，《网络安全法》《安全保护条例》以及《操作指南》中都采用了"特定行业范围+严重危害后果"的方式来进行定义，因此在定义的同时，也会明确涉及一些特定的行业。

《网络安全法》	《安全保护条例》	《操作指南》
公共通信和信息服务、能源、交通、水利、金融、公共服务、电子政务等重要行业和领域	(一)政府和能源、金融、交通、水利、卫生医疗、教育、社会保险、环境保护、公用事业等行业领域的单位; (二)电信网、广播电视网、互联网等信息网络，以及提供云计算、大数据和其他大型公共信息网络服务的单位; (三)国防科工、大型装备、化工、食品药品等行业领域科研生产单位; (四)广播电台、电视台、通讯社等新闻单位。	面向公众提供网络信息服务或支撑能源、通信、金融、交通、公用事业等重要行业运行的信息系统或工业控制系统，包括：网站类，如党政机关网站、企事业单位网站、新闻网站；平台类，如即时通信、网上购物、网上支付、搜索引擎、电子邮件、论坛、地图、音视频；生产业务类，如办公和业务系统、工业控制系统、大型数据中心、云计算平台、电视转播系统。
一旦遭到破坏、丧失功能或者数据泄露，可能严重危害国家安全、国计民生、公共利益的关键信息基础设施	一旦遭到破坏、丧失功能或者数据泄露，可能严重危害国家安全、国计民生、公共利益。	一旦发生网络安全事故，会影响重要行业正常运行，对国家政治、经济、科技、社会、文化、国防、环境以及人民生命财产造成严重损失。

从上表可以看出，《网络安全法》所直接提及的行业范围相对较少，而在《安全保护条例》和《操作指南》中则更为丰富、具体，其中有同时都明确提及的，也有仅单独提及的。我们认为，凡是在任何一份规范性文件中有所提及且一旦发生网安事件可能造成严重后果的都应属于 CII 的范畴，企业可以根据上表的内容初步评估所属的网络系统是否属

于CII。

二、关键信息基础设施的识别规则

虽然对于CII有了初步的定义，但是该如何具体地识别CII仍然需要进一步细化的规则进行指引。因此，《安全保护条例》第19条为下一步细则规范的出台进行了授权并作出了一些原则性的规定。具体来说，《安全保护条例》第19条第1款明确了“国家网信部门会同国务院电信主管部门、公安部门等部门制定关键信息基础设施识别指南”，同时第2款和第3款规定“国家行业主管或监管部门按照关键信息基础设施识别指南，组织识别本行业、本领域的关键信息基础设施，并按程序报送识别结果。关键信息基础设施识别认定过程中，应当充分发挥有关专家的作用，提高关键信息基础设施识别认定的准确性、合理性和科学性”。

在后续的《关键信息基础设施识别指南》尚未出台的情况下，《操作指南》中确定的CII确定规则在目前已成为最有参考价值的标准。《操作指南》中提出了CII确定的三步法，即一是确定关键业务，二是确定支撑关键业务的信息系统或工业控制系统，三是根据关键业务对信息系统或工业控制系统的依赖程度，以及信息系统发生网络安全事件后可能造成的损失。

《操作指南》中对三步法的操作又有具体的指引：

第一，对于确定关键业务，《操作指南》明确了需结合本地区、本部门、本行业的实际来梳理关键业务，并做了示例。以“电信与互联网”为例，关键业务就应包括域名解析服务、数据中心\云服务、语音\数据\互联网基础网络及枢纽等业务。

第二，对于确定支撑关键业务的信息系统或工业控制系统，则应当根据关键业务，逐一梳理出支撑关键业务运行或关键业务相关的信息系统或工业控制系统，形成候选关键信息基础设施清单。比如火电企业的发电机组控制系统、管理信息系统。

第三，对于认定关键信息基础设施的量化标准，《操作指南》则列举了网站类、平台类和生产业务类三种具体情况的相应量化标准。比如对于平台类，规定注册用户超过 1000 万、活跃用户超过 100 万或者日交易额超过 1000 万的，就可认定为 CII；对于生产业务类，规模超过 1500 个标准机架的数据中心、地市级以上政府面向公众服务的业务系统，也都可认定为 CII。

三、关键信息基础设施运营者的安全保护义务及法律责任

《网络安全法》中对关键信息基础设施作了特别的规定，对于企业而言，最为重要的就是要了解关键信息基础设施运营者（CIIO）的安全保护义务。在第二章第一节《网络安全法下的企业责任》中，我们已经梳理了《网络安全法》中 CIIO 的安全保护义务。而《安全保护条例》则对 CIIO 作出了更加全面、细致的安全保护义务要求，我们将具体的安全保护义务和相应的法律责任梳理如下：

<table>
<tr><th>序号</th><th>核心内容</th><th>具体安全保护义务</th><th>法律责任</th></tr>
<tr><td>1</td><td>新建、停运 CII 需报告</td><td>20 条：新建、停运关键信息基础设施，或关键信息基础设施发生重大变化的，应当及时将相关情况报告国家行业主管或监管部门。</td><td rowspan="3">45 条：责令改正，给予警告；拒不改正或者导致危害后果的，处 10 万元以上 100 万元以下罚款，直接负责人员处 1 万元以上 10 万元以下罚款。</td></tr>
<tr><td>2</td><td>确保 CII 稳定持续运行</td><td>21 条：建设关键信息基础设施应当确保其具有支持业务稳定、持续运行的性能，并保证安全技术措施同步规划、同步建设、同步使用。</td></tr>
<tr><td>3</td><td>制定安全管理制度和规程</td><td>23 条 1 款：制定内部安全管理制度和操作规程，严格身份认证和权限管理。</td></tr>
</table>

续表

序号	核心内容	具体安全保护义务	法律责任
4	防范病毒和攻击	23条2款：采取技术措施，防范计算机病毒和网络攻击、侵入。	45条：责令改正，给予警告；拒不改正或者导致危害后果的，处10万元以上100万元以下罚款，直接负责人员处1万元以上10万元以下罚款。
5	留存网络日志不少于6个月	23条3款：采取技术措施，监测、记录网络运行状态、网络安全事件，并按照规定留存相关的网络日志不少于6个月。	
6	数据分类、备份、加密	23条4款：采取数据分类、重要数据备份和加密认证等措施。	
7	设立专门机构和专人	24条1款：设置专门网络安全管理机构和网络安全管理负责人，并对该负责人和关键岗位人员进行安全背景审查。	
8	数据容灾备份	24条3款：对重要系统和数据库进行容灾备份。	
9	应急预案演练	24条4款：制定网络安全事件应急预案并定期进行演练。	
10	关键人员持证上岗	26条：运营者网络安全关键岗位专业技术人员实行执证上岗制度。	
11	从业人员每年1天以上的培训，关键人员每年3天以上的培训	27条：运营者应当组织从业人员网络安全教育培训，每人每年教育培训时长不得少于1个工作日，关键岗位专业技术人员每人每年教育培训时长不得少于3个工作日。	

续表

序号	核心内容	具体安全保护义务	法律责任
12	建立安全检测评估制度	28 条 1 款：运营者应当建立健全关键信息基础设施安全检测评估制度。	45 条：责令改正，给予警告；拒不改正或者导致危害后果的，处 10 万元以上 100 万元以下罚款，直接负责人员处 1 万元以上 10 万元以下罚款。
13	CII 每年不少于 1 次检测评估	28 条 2 款：运营者应当自行或委托网络安全服务机构对关键信息基础设施的安全性和可能存在的风险隐患每年至少进行 1 次检测评估。	
14	限制数据跨境转移	29 条：运营者在中华人民共和国境内运营中收集和产生的个人信息和重要数据应当在境内存储。因业务需要，确需向境外提供的，应当按照个人信息和重要数据出境安全评估办法进行评估；法律、行政法规另有规定的，依照其规定。	46 条：责令改正，给予警告，没收违法所得，处 5 万元以上 50 万元以下罚款，并可以责令暂停相关业务、停业整顿、关闭网站、吊销相关业务许可证；对直接负责的主管人员和其他直接责任人员处 1 万元以上 10 万元以下罚款。
15	产品服务采购需符合国家标准	30 条：运营者采购、使用的网络关键设备、网络安全专用产品，应当符合法律、行政法规的规定和相关国家标准的强制性要求。	45 条：责令改正，给予警告；拒不改正或者导致危害后果的，处 10 万元以上 100 万元以下罚款，直接负责人员处 1 万元以上 10 万元以下罚款。
16	采购安全审查和签订安全保密协议	31 条：运营者采购网络产品和服务，可能影响国家安全的，应当通过网络安全审查，并与提供者签订安全保密协议。	47 条：责令停止使用，处采购金额 1 倍以上 10 倍以下罚款；对直接负责的主管人员和其他直接责任人员处 1 万元以上 10 万元以下罚款。

续表

序号	核心内容	具体安全保护义务	法律责任
17	外包产品上线前应安全检测	32条：运营者应当对外包开发的系统、软件，接受捐赠的网络产品，在其上线应用前进行安全检测。	45条：责令改正，给予警告；拒不改正或者导致危害后果的，处10万元以上100万元以下罚款，直接负责人员处1万元以上10万元以下罚款。
18	风险处置和报告	33条：运营者发现使用的网络产品、服务存在安全缺陷、漏洞等风险的，应当及时采取措施消除风险隐患，涉及重大风险的应当按规定向有关部门报告。	
19	境内维护	34条：关键信息基础设施的运行维护应当在境内实施。因业务需要，确需进行境外远程维护的，应事先报国家行业主管部门。	

综上，本节结合《网络安全法》《操作指南》以及还在征求意见中的《安全保护条例》，从CII的定义及范围、CII的识别规则和CIIO的安全保护义务及法律责任三个主要角度对关键信息基础设施这一主题进行了解读，鉴于后续正式出台的《安全保护条例》可能会有一定的变化，并且可能还会有进一步的细则出台，因此，我们还会对这一问题进行持续跟踪研究。但我们认为，企业尤其是可能被判定为属于CIIO的主体，及早按照《安全保护条例(征求意见稿)》《操作指南》对自身进行网络安全合规检查和完善相应制度是很有必要的。

第三节 《网络安全法》下的个人信息保护

随着互联网经济的高速发展、互联网社交应用的广泛普及，越来越多的系统和平台在通过不同的方式收集个人信息，并对个人信息进行存储、分析，甚至交换。个人信息的非法收集、泄露以及滥用等已成为社会关注的焦点问题，相关个人权益严重受损的情况屡见不鲜，甚至出现了很多与个人信息滥用有关的违法犯罪活动。

《网络安全法》对个人信息保护问题作了专章规定。本书结合 2017 年 12 月发布的《个人信息安全规范》，探讨了《网络安全法》下个人信息收集和保管的基本规定，以及不同主体的信息安全保护义务和法律责任。

一、个人信息的分类和示例

个人信息是指以电子或者其他方式记录的能够单独或者与其他信息结合识别特定自然人身份或者反映特定自然人活动情况的各种信息①。

判定某项信息是否属于个人信息，应参考两个标准：一是识别性，即从信息到个人，由信息本身的特殊性识别出特定自然人，个人信息应有助于识别出特定个人；二是关联性，即从个人到信息，如已知特定自然人，则由该特定自然人在其活动中产生的信息(如个人位置信息、个人通话记录、个人浏览记录等)即为个人信息。只要满足上述两种特性中的一个，就可以判定为个人信息。

按照个人信息产生的不同环境，信息可以分为个人身份和鉴别信息、个人服务和数据信息、个人服务相关信息。

(一)个人身份和鉴别信息

个人身份和鉴别信息是能够单独或与其他信息结合，对用户自然人身份进行识别，或在某些服务中代替用户自然人身份属性的虚拟身份信息。虚拟身份信息是指用户使用服务过程中区别于其他用户的标识信息

---

① 本书中个人信息的界定标准参照的是 GB/T 35273—2017《信息安全技术 个人信息安全规范》。

以及对该标识信息进行识别确认的信息。表 1 给出了有关示例。

表 1 个人身份和鉴别信息示例

个人基本资料	指对个人社会属性和自然属性进行描述的信息，包括但不限于个人姓名、生日、性别、民族、国籍、家庭关系、住址、电话号码、电子邮箱等。
个人身份信息	指能单独、准确识别个人真实身份的影印件及其他信息，包括身份证、护照、驾驶证、社保卡、军官证、居住证、工作证、出入证及其他法定证件影印件及号码等与自然人法定身份紧密相关的数据。
个人生物识别信息	指与个人具有唯一对应关系的用户生理信息，包括但不限于个人基因、指纹、声纹、掌纹、耳廓、虹膜、面部特征等。
虚拟身份标识和鉴别信息	包括系统账号、社交类软件昵称、IP 地址、邮箱地址及与前述有关的密码、口令、口令保护答案、用户个人数字证书等。
	包括交易类软件账号、银行卡账号、证券账号以及交易类软件账号的口令、用户个人数字证书等。

（二）个人服务和数据信息

个人服务和数据信息是指相关组织在服务过程中收集的具有个人隐私属性的数据和内容信息。表 2 给出了有关示例。

表 2 个人服务和数据信息示例

个人健康生理信息	指个人因生病医治、健康体检等而产生的相关记录或与个人身体健康状况产生的相关信息，包括但不限于病症、住院志、医嘱单、检验报告、手术及麻醉记录、护理记录、用药记录、药物食物过敏信息、生育信息、以往病史、家族病史、传染病史等病理信息及体重、身高、肺活量等个人健康信息。

续表

财产信息	指个人在真实生活或虚拟服务中所拥有和使用的有关财产的信息，包括真实财产信息和虚拟财产信息。真实财产信息包括交易类软件账号、银行卡等账号、存款信息、房产信息、信贷记录、征信信息、交易和消费记录、流水记录等信息。虚拟财产信息包括虚拟货币、虚拟交易个人信息、游戏类兑换码等虚拟财产信息。
个人教育工作信息	包括个人职业、职位、工作单位、学历、学位、教育经历、工作经历、培训记录、成绩单等。
个人通信信息	通信记录和内容、短信、彩信、电子邮件，以及描述个人通信的数据(通常称为元数据)和联系人信息，如通讯录、好友列表、群列表、电子邮件地址列表等。

(三)个人服务相关信息

个人服务相关信息是服务过程中所收集的个人服务使用情况及服务相关辅助类信息。表3给出了有关示例。

表3　个人服务相关信息示例

个人上网记录	指通过日志储存的用户的操作记录、服务内容信息记录等，包括消费记录、游戏记录、视频操作流水记录、点击日志、业务日志等。
个人常用设备信息	指包括硬件型号、设备MAC地址、操作系统类型、软件列表唯一设备识别码(如IMEI/androidID/IDFA/OPENUDID/GUID、SIM卡IMSI信息等)等在内的描述设备基本情况的信息。
个人位置信息	包括行踪轨迹、精确定位信息、住宿信息、经纬度等。
其他信息	包括婚史、宗教信仰、性取向、未公开的违法犯罪记录等。

二、《网络安全法》下的个人信息保护责任

按照《网络安全法》对个人信息的保护的责任主体不同，可以分为针对一般主体和特殊主体两类的法律责任。针对一般主体，即对任何个人和组织而言，设定的是禁止性规则，规定禁止任何个人和组织违法使用个人信息；针对特殊主体，包括个人和网络运营者设定的是权益复合性规则，赋予个人对其信息的更正和删除权，要求网络运营者合法收集和保管个人信息。表 4 列举了不同主体的个人信息保护模式及法律责任。

表 4　个人信息的保护模式

<table>
<tr><th>主体</th><th>义务</th><th>责任(未构成犯罪)</th></tr>
<tr><td>一般主体
(任何个人+组织)</td><td>1. 禁止窃取、出售；
2. 禁设恶意程序；
3. 禁止违法使用。</td><td rowspan="3">警告、没收违法所得、罚款、责令整改、拘留、暂停相关业务、停业整顿、关闭网站、吊销相关业务许可证或者吊销营业执照。</td></tr>
<tr><td>个人(本人)</td><td>权利：更正权、删除权
义务：合法使用</td></tr>
<tr><td>网络运营者</td><td>1. 信息的收集：明示+同意
2. 信息的保管
①确保安全
②合法使用
③异常报告</td></tr>
</table>

(一)一般主体的责任

任何个人和组织是《网络安全法》设定的禁止性义务针对的主体。

第一，禁止窃取、出售个人信息。《网络安全法》第 44 条规定，违

法窃取、出售或向他人提供个人信息，“尚不构成犯罪的，由公安机关没收违法所得，并处违法所得一倍以上十倍以下罚款，没有违法所得的，处一百万元以下罚款”。

第二，禁止设定恶意程序。根据《网络安全法》第48条的规定，“任何个人和组织发送的电子信息、提供的应用软件，不得设置恶意程序”，否则，“由有关主管部门责令改正，给予警告；拒不改正或者导致危害网络安全等后果的，处五万元以上五十万元以下罚款，对直接负责的主管人员处一万元以上十万元以下罚款”。

第三，禁止违法行为。此处的违法行为主要是借助网络进行的犯罪行为，包括实施诈骗、传授犯罪方法、制作或销售违禁物品等。“设立用于实施违法犯罪活动的网站、通讯群组，或者利用网络发布涉及实施违法犯罪活动的信息，尚不构成犯罪的，由公安机关处五日以下拘留，可以并处一万元以上十万元以下罚款；情节较重的，处五日以上十五日以下拘留，可以并处五万元以上五十万元以下罚款。关闭用于实施违法犯罪活动的网站、通讯群组。单位有前款行为的，由公安机关处十万元以上五十万元以下罚款，并对直接负责的主管人员和其他直接责任人员依照前款规定处罚。”

（二）网络运营者的责任

针对个人信息的获取和保管，《网络安全法》第40、41、42、47、49条对网络运营者分别设定了获取个人信息时需“明示且同意”原则和保管阶段的安全、合法保管的义务。

1. 信息收集阶段的“明示且同意”原则。《网络安全法》第41条要求，网络运营者在收集用户个人信息的时候应“公开收集、使用规则，明示收集、使用目的、方式和范围，并经被收集者同意”。这一规定的目的在于保证用户本人对其个人信息处理和扩散的自主决定权，也就是说，任何对本人信息的处理和扩散都要获得本人的同意。这种自主决定权的行使以充分告知为前提，因为只有在本人充分知悉了个人信息的处理目的、范围和方式等内容的情况下才有可能作出最为恰当的判断，即在个人信息的获取阶段，网络运营者需要告知其对用户收集信息的目的、方式和范围，并得到用户的同意后才能获取用户的个人信息。

2. 信息保管阶段的安全、保密、报告义务。为保障主体对其个人信息的自主决定权，就要求对信息的实际控制者，即网络运营者应确保其保管信息的安全性和完整性，并且，仅在授权的范围内合法使用个人信息。

首先，在制度层面要求信息的控制者提供一个恰当的信息保存环境。这就是《网络安全法》第 42 条规定的，网络运营者“应当采取必要措施确保其收集的个人信息安全，防止信息泄露、毁损、丢失”。

其次，信息的控制者，即网络运营者不能随意修改、变更本人提供的个人信息；不得允许他人对这些信息随意进行修改、变更。即第 42 条第 1 款规定的“不得泄露、篡改、毁损”其所收集到的个人信息。违反以上两项规定，“由有关主管部门责令改正，可以根据情节单处或者并处警告、没收违法所得、处违法所得一倍以上十倍以下罚款，没有违法所得的，处一百万元以下罚款，对直接负责的主管人员和其他直接责任人员处一万元以上十万元以下罚款；情节严重的，可以责令暂停相关业务、停业整顿、关闭网站、吊销相关业务许可证或者吊销营业执照”。

最后，作为最终的补救措施，允许当事人在个人信息失去正确性和完整性时及时进行变更和修正。《网络安全法》赋予了个人对其信息的更正和删除权。第 43 条规定个人“有权要求网络运营者删除其个人信息；发现网络运营者收集、储存的其个人信息有错误的，有权要求网络运营者予以更正”。

3. 网络运营者的报告义务。网络运营者、电子信息发送服务提供者和应用软件下载服务提供者发现用户违法发布或传输信息时，有向主管部门报告的义务。

三、其他法律法规及 GDPR 对个人信息的规定

除《网络安全法》之外，我国其他法律法规也对个人信息保护作了相应的规定，包括《电子商务法》《电信和互联网用户个人信息保护规定》等都规定了网络服务提供者对个人信息进行收集、使用的规则。其中《电信和互联网用户个人信息保护规定》还规定了对个人信息的安全保障措施，包括防止用户个人信息泄露、毁损、篡改或者丢失的 7 项主要措施以及个人信息泄露、损毁、篡改或者丢失后的补救措施，并要求对相关工作人员进行用户个人信息保护相关知识、技能和安全责任培训以及每年至少一次对用户个人信息的情况进行自查。此外在 2019 年 3 月 15 日，国家市场监督管理总局发布了《移动互联网应用程序（App）安全认证实施规则》（以下简称《实施规则》），《实施规则》第 2 条认证的依据主要是《信息安全技术个人信息安全规范》，由此可以看出此规则重点关注的是个人信息。值得注意的是，《实施规则》并不要求所有的 App 都要进行安全认证，而是以 App 运营者自愿的方式进行安全认证，通过安全认证的 App 将获得认证证书和认证标志，这些都将导致用户倾向于选择通过安全认证的 App，此举将激励 App 运营者为通过安全认证而规范个人信息的收集、使用。2019 年 4 月，公安部发布了《互联网个人信息保护指南》（以下简称《保护指南》），供互联网服务单位在个人信息保护工作中参考借鉴。《保护指南》主要在管理机制、个人信息处理系统的安全技术措施、个人信息的业务流程以及应急处置等方面作了规定，网络服务运营者在对个人信息进行保护工作或者合规自查时可以参考借鉴，加强对个人信息的保护。App 专项治理工作组在 2019 年 3 月发布了《App 违法违规收集使用个人信息自评估指南》（以下简称《评估指南》），App 运营者可参照指南对其收集使用个人信息的情况进行自查自纠，主动提升个人信息保护水平。在 2019 年 5 月 5 日，App 专项治理工作组发布了《App 违法违规收集使用个人信息行为认定方法（征求意见稿）》（以下简称《认定方法》）。《认定方法》中规定了 7 种违

规收集使用个人信息的情形，包括没有公开收集使用规则，没有明示收集使用个人信息的目的、方式和范围，未经同意收集使用个人信息，违反必要性原则收集与其提供的服务无关的个人信息，未经同意向他人提供个人信息，未按照法律规定提供删除和更正个人信息功能的情形，侵犯未成年人在网络空间的合法权益。App 运营者可以根据《认定方法》明确收集、使用个人信息的边界，并结合《评估指南》和《认定方法》进行自查自纠。

欧盟的《通用数据保护条例》(以下简称 GDPR)是于 2016 年 4 月 14 日由欧洲议会投票通过，并于 2018 年 5 月 25 日起正式生效，这是一部对欧盟公民个人数据进行保护的法案。从整体上看，GDPR 十分突出地显示了对个人数据的保护，对个人数据的收集和使用进行了严格的规定。GDPR 大致赋予数据主体 7 项数据权利，主要是知情权、访问权、更正权、可携权、删除权、限制处理权以及反对权。我国《网络安全法》以及《中华人民共和国民法总则》并没有对公民个人的信息权进行具体的规定，而在我国《个人信息保护(草案)》(学者建议稿)中规定了信息决定权、信息保密权、信息访问权、信息更正权、信息可携权、信息封锁权、信息删除权、被遗忘权等个人信息权。除此之外，GDPR 还规定了数据控制者以及处理者的义务，包括通过设计以默认方式保护数据、记录处理活动、与监管部门合作、确保处理安全、个人数据泄露的通知、开展数据保护影响评估以及设立数据保护官等义务。

结语

2017 年 8 月 11 日，广东省网信办对腾讯公司微信公众号平台存在用户传播暴力恐怖、虚假信息、淫秽色情等危害国家安全、公共安全、社会秩序的信息问题依法展开立案调查。经查，腾讯公司对其微信公众号平台用户发布的有关法律法规禁止发布的信息未尽到管理义务，其行为违反《网络安全法》第 47 条之规定，据《网络安全法》第 68 条规定，广东省网信办对腾讯公司作出最高罚款的处罚决定，同时要求腾讯公司针对违法问题进行深入整改，切实履行平台管理的主体责任，规范微信公众信息服务，对发布违法和不良信息的公众账号坚决依法处置。

自2017年6月1日《网络安全法》施行以来，各地网信部门加大了对互联网信息内容监管的执法力度，并相继发布了一些执法案例，包括新浪微博、百度贴吧、“BOSS直聘”、淘宝网等网络运营者的处罚等，目前公布的执法案例中适用的违法行为条款集中在第47条，即网络运营者未尽管理责任，及时停止或消除违法信息的传输。因此，对于网络运营者而言，建立符合《网络安全法》的个人信息保护制度，并认真履行其在《网络安全法》下的义务势在必行。

第四节 数据出境安全评估

随着国际经济贸易互联互通的不断深入，境外跨国企业和我国企业跨国经营中的数据出境也日益频繁，在这些数据中，不乏涉及与我国安全、经济发展以及公共利益密切相关的重要数据，故而数据出境的安全性问题成为与国家安全紧密相关的重大问题。在此背景下，《网络安全法》通过法律的形式将数据出境安全评估作为一项核心制度予以确立。同时，与数据出境安全评估制度相关的配套规则也已经初步拟定，正在征求意见中。本节将根据下列法律法规和国家标准对数据出境安全评估制度进行解读。

法律：《网络安全法》

行政法规：《个人信息和重要数据出境安全评估办法(征求意见稿)》(以下简称《安全评估办法》)

国家标准：《信息安全技术 数据出境安全评估指南(征求意见稿)》(以下简称《安全评估指南》)

一、需要进行安全评估的数据对象(对谁评估?)

对于数据出境安全评估制度而言，理清哪些数据需要进行安全评估是首要问题。从《网络安全法》和《安全评估办法》的规定中(见下表)我们可以看到二者在对于何种数据需要进行安全评估的表述上采用了类似的方式，不同在于，《网络安全法》仅限对CIIO提出数据出境安全审查义务，而《安全评估办法》则将主体范围扩大到了网络运营者，还规定其他个人和组织参照本办法执行。因而，事实上，数据出境安全评估审查成为一项几乎针对所有主体的制度。

《网络安全法》第37条	《安全评估办法》第3条
关键信息基础设施的运营者在中华人民共和国境内运营中收集和产生的个人信息和重要数据应当在境内存储。因业务需要，确需向境外提供的，应当进行安全评估。	网络运营者在中华人民共和国境内运营中收集和产生的个人信息和重要数据，应当在境内存储。因业务需要，确需向境外提供的，应当按照本办法进行安全评估。

但要确定究竟哪些数据属于需要进行安全评估的对象，其实关键并不在于明确哪些类型的主体受到约束，而是在于需要明确什么是境内运营，什么是向境外提供，什么是重要数据(考虑本书中已有专文论述个人信息，此处不再就个人信息的问题重复展开了)。

(一)境内运营

《网络安全法》和《安全评估办法》对于何为境内运营并没有作详细的规定，但在《安全评估指南》中对“境内运营”给出了定义，即指“网络运营者在中华人民共和国境内开展业务，提供产品或服务的活动”。而对于如何判断网络运营者是否在中国境内开展业务，或向境内提供产品或服务，《安全评估指南》也明确了几类参考因素，包括使用中文，以人民币作为结算货币，向中国境内配送物流，等等。

与此同时，《安全评估指南》还特别地强调了两种情况，一个是境外主体在境内开展业务的应当认定属于境内运营；另一个是境内运营者只向境外开展业务且不涉及境内个人信息和重要数据的，不应当视为境内运营。

（二）向境外提供

何为“向境外提供”？《网络安全法》中没有具体规定，而《安全评估办法》则作了定义，即指将数据“提供给位于境外的机构、组织、个人”。然而这一表述仍然会产生疑问，假设将数据提供给位于境内的境外组织，是否就不需要安全评估了呢？如果真是如此，那么显然就会存在大量规避安全评估的漏洞。因而，《安全评估指南》中用更加细致的定义清晰界定了《网络安全法》和《安全评估办法》所留下的模糊地带。《安全评估指南》规定数据出境是指“网络运营者通过网络等方式，将其境内运营中收集和产生的重要数据，通过直接提供或开展业务、提供服务、产品等方式提供给境外的机构、组织或个人的一次性活动或连续性活动”。同时，还对 5 种具体情况是否应被认定为数据出境给出了结论。我们可以看到，上文提及的将数据提供给位于境内的境外组织也是属于数据出境的情况，因而也需进行安全审查。

属于数据出境的三种情况	1. 向本国境内，但不属于本国司法管辖或未在境内注册的主体提供个人信息和重要数据。
	2. 数据未转移存储至本国以外的地方，但被境外的机构、组织、个人访问查看的(公开信息、网页访问除外)。
	3. 网络运营者集团内部数据由境内转移至境外，涉及其在境内运营中收集和产生的个人信息和重要数据的。
不属于数据出境的两种情况	1. 非在境内运营中收集和产生的个人信息和重要数据经由本国出境，未经任何变动或加工处理的。
	2. 非在境内运营中收集和产生的个人信息和重要数据在境内存储、加工处理后出境，不涉及境内运营中收集和产生的个人信息和重要数据的。

（三）重要数据

在什么是重要数据的问题上，《网络安全法》同样没有明确规定，而《安全评估办法》将其进行了初步定义，即指“与国家安全、经济发展，以及社会公共利益密切相关的数据”，同时，还明确规定“具体范围参照国家有关标准和重要数据识别指南”。因此什么是重要数据，最终还需要通过《安全评估指南》来确定。

《安全评估指南》将重要数据作了两个排除，一个是经政府信息公开渠道合法公开的，不再属于数据出境安全评估制度下的重要数据；另一个是涉及国家秘密的也不属于数据出境安全评估制度下的重要数据，其原因在于此类数据公开或者被泄露都显然会受到刑法和国家安全法的规制。

对于实务而言，最有指引价值的在于《安全评估指南》在其附录 A 中详细列明了重要数据的具体范围，包括石化、电力、交通运输、邮政快递、金融、食品药品、电子商务等共计 27 个大类（另含 35 个小类）行业的重要数据范围。举例来说，金融部门中的“金融机构安全信息”的重要数据就包括：①新产品研发方案以及研发过程中产生的相关记录和数据；②技术方案、电路设计、计算机软件、源代码和目标码、数据库、研究开发记录、技术报告、检测报告、实验数据、实验结果、图纸等技术文档；③产品销售信息、市场调研信息、市场营销计划、财务资料、业务分析研究成果等经营资料；④客户名单、客户身份资料、客户交易记录等客户资料；⑤内部安全保卫制度、操作细节、银行业务使用的密押、编制方案及专用暗记、代号、指令密码等。

可以说，《安全评估指南》虽然目前仅是征求意见稿，但其确定的重要数据范围对于日后如何认定哪些数据的出境需要进行安全审查有很重要的指引作用。

二、安全评估的实施机构（谁来评估？）

明确需要进行安全评估的数据对象后，接下来的问题就是需要解决由谁进行评估。根据《安全评估办法》第6、7、9、12条的规定，安全评估采取的是“一般自评估+特别情况行业主管部门组织评估+网信办兜底”的模式，具体可以参看下表：

一般自评估	特别情况行业主管部门评估	网信办兜底
第7条：网络运营者应在数据出境前，自行组织安全评估。 第12条：网络运营者应每年对数据出境至少进行一次安全评估。	第9条：应报行业主管或监管部门组织安全评估的： (1)含有或累计含有50万人以上的个人信息； (2)数据量超过1000 GB； (3)核设施、化学生物、国防军工、人口健康等领域数据，大型工程活动、海洋环境以及敏感地理信息数据等； (4)包含CII的系统漏洞、安全防护等网络安全信息； (5)CIIO向境外提供个人信息和重要数据。	第9条中涉及行业主管或监管部门不明确的，由国家网信部门组织评估。

根据《安全评估办法》所确定的安全评估实施机构模式，《安全评估指南》进一步明确了各行业的数据出境安全评估主管或监管部门，我们将其整理为下表，可作为企事业单位确定其数据出境安全评估实施机构的参考。

<table>
<tr><th>行业</th><th>主管或监管部门</th><th>行业</th><th>主管或监管部门</th></tr>
<tr><td>石油天然气</td><td rowspan="3">国家发改委、能源局</td><td>民用核设施</td><td>国防科工局、能源局、环境保护部(国家核安全局)</td></tr>
<tr><td>煤炭</td><td>交通运输</td><td>国家交通战备办公室、交通运输部、国家铁路局、中国铁路总公司</td></tr>
<tr><td>电力</td><td>邮政快递</td><td>国家邮政局</td></tr>
</table>

续表

行业	主管或监管部门	行业	主管或监管部门
石化	能源局	水利	水利部
通信	工业和信息化部	人口健康	卫计委
电子信息		金融	人民银行
钢铁		征信	
有色金属		食品药品	国家食药总局
装备制造		统计	国家统计局
化学工业		气象	国家气象局
其他工业		广播电视	国家新闻出版广电总局
国防军工	国防科工局	海洋环境	国家海洋局
地理信息	国土资源部(测绘地理信息局、海洋局)	电子商务	商务部

三、安全评估的内容和法律责任(如何评估?)

在梳理完对谁评估和谁来评估的问题后，最后需要解决的就是如何评估的问题。《网络安全法》第37条授权“国家网信部门会同国务院有关部门制定办法”进行安全评估，于是便有了《安全评估办法》。在如何进行评估的问题上，《安全评估办法》中具体规定了安全评估的重点内容、不得出境的情况以及评估的时限。

(一)评估的重点内容

根据《安全评估办法》第8条的规定，数据出境安全评估的重点内容有：数据出境的必要性；涉及个人信息情况，包括个人信息的数量、范围、类型、敏感程度，以及个人信息主体是否同意其个人信息出境等；涉及重要数据情况，包括重要数据的数量、范围、类型及其敏感程度等；数据接收方的安全保护措施、能力和水平，以及所在国家和地区的网络安全环境等；数据出境及再转移后被泄露、毁损、篡改、滥用等风险；数据出境及出境数据汇聚可能对国家安全、社会公共利益、个人合法利益带来的风险。

另外，我们还可以在《安全评估指南》中找到比上述这些重点评估内容更为详尽的指引，此处不再展开。

(二)不得出境的情形

对于企业而言，最关注的就是安全评估的结果，《安全评估办法》第11条原则性地列明了三种数据不得出境的情形：个人信息出境未经个人信息主体同意，或可能侵害个人利益；数据出境给国家政治、经济、科技、国防等安全带来风险，可能影响国家安全、损害社会公共利益；其他经国家网信部门、公安部门、安全部门等有关部门认定不能出境的。

从这三条原则性的规定中，较难直接解读出究竟何种具体情形下数据不得出境。而且，在《安全评估指南》中也没有对此予以进一步的细化。客观地说，面对纷繁复杂的数据内容以及数据出境形式，现阶段就将标准制定得面面俱到也是不现实的。在数据出境安全评估实施初期，给予主管部门一定自由裁量空间，对于保障我国公民合法权益和国家安全都是一种更为稳妥的立法方案。在积累大量安全评估的经验后，可以再根据具体情况适时地将不得出境的标准进行精细化。

(三)评估周期

考虑到安全评估周期对于企业数据出境的需求也有重大影响，如果安全评估周期过长，那么就可能陷入久拖不决，实际等于否决企业数据出境需求的情形。为避免这种情况发生，《安全评估办法》第10条明确规定了“行业主管或监管部门组织的安全评估，应当于六十个工作日内完成”，虽然60个工作日也就是约3个月的时间并不短，但是画出一条评估周期的“红线”仍然具有积极的意义。

结语

综上，本节依据《网络安全法》《安全评估办法》《安全评估指南》，针对对谁评估、谁来评估和如何评估三个问题，对数据出境安全评估制度进行了梳理和解读。我们认为，各类涉及数据出境的企业在目前数据出境安全评估制度尚未正式实施的缓冲期，应持续关注数据出境安全评估配套规则的制定，及时制定自身数据出境风险控制和合规制度，从而避免由于数据出境安全评估正式实施而导致对其主营业务造成不利影响的状况发生。

第五节　网络产品和服务安全审查

《网络安全法》作为我国网络安全领域的基本法，创设了诸多的网络安全领域的制度性规定，其中一项重要制度就是网络安全审查制度。《网络安全法》第35条规定，“关键信息基础设施的运营者采购网络产品和服务，可能影响国家安全的，应当通过国家网信部门会同国务院有关部门组织的国家安全审查”。目前，网络产品和服务安全审查制度的具体要求主要规定在《网络产品和服务安全审查办法(试行)》(以下简称《审查办法》)中，该办法由国家互联网信息办公室于2017年5月2日发布，并于2017年6月1日和《网络安全法》同日开始实施。2019年5月21日公布了《网络安全审查办法(征求意见稿)》，主要规定了网络安全审查办公室进行网络安全审查的内容及程序。下文主要围绕《审查办法》和《网络安全审查办法(征求意见稿)》的规定对网络产品和服务安全审查制度进行解读。

一、网络产品和服务安全审查的意义和目的

在网络安全复杂化、网络威胁全球化的今天，关键网络基础设施已成为网络攻击的主要目标，并可能引发极为严重的灾难性后果。特别是

网络产品和服务的供应链风险是关键信息基础设施面临的主要安全风险之一。关键信息基础设施所部署的信息技术产品和服务是否安全，将直接决定国家和社会能否良好运行。为了防止关键信息基础设施因使用的产品和服务存在安全缺陷或其他隐患而受到攻击、破坏，或者其存储、处理的数据资源被窃取、泄露，从而危害国家安全，我国《网络安全法》遵循世界贸易组织国家安全例外原则，对关键信息基础设施运营者采购网络产品或者服务的国家安全审查作出了要求。

二、安全审查的适用范围和对象

对于网络产品和服务安全审查制度，首先需要明确的就是哪些网络产品和服务需要进行安全审查。过大的审查范围可能会不利于整个安全审查制度的落地施行，在《审查办法》的最初征求意见稿中，对于适用安全审查，除国家安全因素外，还提及了“公共利益”的考量因素。在最终发布的《审查办法》中，相比征求意见稿对安全审查制度的适用范围作了限缩，在第1条立法目的和第2条适用范围中均去除了“公共利益”的考量。具体地，《审查办法》第2条规定“关系国家安全的网络和信息系统采购的重要网络产品和服务，应当经过网络安全审查”。因此，可以理解为是否需要进行安全审查的判断标准就是该产品和服务是否可能会影响国家安全。对于具体哪些情形可能被认定为“涉及影响国家安全”，《审查办法》第10条作了部分的细化规定，即公共通信和信息服务、能源、交通、水利、金融、公共服务、电子政务等重要行业和领域以及其他可能影响国家安全的关键信息基础设施的运营者采购网络产品和服务，应当通过网络安全审查。故而，我们也可以理解为对于一般的网络运营者，其信息和网络安全尚不足以威胁国家安全，因此一般的网络运营者采购网络产品和服务，并不需经过网络安全审查。

但是具体到何为“可能影响国家安全”，《审查办法》只规定“产品和服务是否影响国家安全由关键信息基础设施保护工作部门确定”，也就是事实上仍然需要进一步具体的实施细则出台后才能明确。

三、安全审查的方式

关于安全审查如何启动以及具体以何种方式开展安全审查，主要规定在《审查办法》的第3条和第8条中。

《审查办法》第8条规定了按照国家有关要求，根据全国性行业协会建议和用户反映等多种形式，启动安全审查程序。故依据上述规定，网络安全审查不以企业申请为前提要件，审查部门可以依职权直接启动安全审查程序。

《审查办法》第3条规定“坚持企业承诺与社会监督相结合，第三方评价与政府持续监管相结合，实验室检测、现场检查、在线监测、背景调查相结合，对网络产品和服务及其供应链进行网络安全审查”。据此规定，安全审查将以第三方评价与政府持续监管相结合的方式进行，且由网络安全审查专家委员会在第三方评价基础上再进行综合评估。

因此，我们预计，最终审查结论具体还是以第三方审查为主，主管部门主要进行监督，可能同时会采取抽查的方式对这些评估结果进行综合评估，不可能都全面进行综合评估，否则这一工作量将非常大。

四、安全审查的负责机构

按照《审查办法》第5条、第6条和第7条的规定，网络安全审查的领导和具体负责机构主要包括网络安全审查委员会、网络安全审查办公室、网络安全审查专家委员会和第三方评价机构等。

(一)网络安全审查委员会

网络安全审查委员会将承担网络安全审查的组织、领导和协调工作。由于网络安全审查涉及多个行业和多个部门，网络安全审查委员会将会是一个跨部门的联席机构，包括国家互联网信息办公室成员及其他有关部门，而国家互联网信息办公室将会起到协调和组织的功能。

(二)网络安全审查办公室

网络安全审查办公室作为网络安全审查委员会的下设机构，将在网络安全审查委员会的指导下，具体负责组织实施网络安全审查，包括具体确定审查对象，组织第三方机构、专家委员会对网络产品和服务进行网络安全审查，在一定范围内通报审查结果，不定期发布网络产品和服务安全评估报告，等等。

根据《网络安全审查办法(征求意见稿)》第 6 条的规定，关键信息基础设施运营者在采购网络产品和服务时，可能导致以下 4 种情形的，应当向网络安全审查办公室申报网络安全审查：

(1)关键信息基础设施整体停止运转或主要功能不能正常运行；

(2)大量个人信息和重要数据泄露、丢失、毁损或出境；

(3)关键信息基础设施运行维护、技术支持、升级更新换代面临供应链安全威胁；

(4)其他严重危害关键信息基础设施安全的风险隐患。

除自己申报外，《网络安全审查办法》第 19 条还规定了依职权审查，即网络安全审查工作机制成员单位认为影响或可能影响国家安全的网络产品和服务采购活动、信息技术服务活动，网络安全审查办公室按程序报中央网络安全和信息化委员会批准，依照本办法进行审查。

同时，关键信息基础设施的运营者在申报网络安全审查的采购活动时，应注意通过采购文件、合同或其他有约束力的手段要求产品和服务提供者配合网络安全审查，并与产品和服务提供者约定网络安全审查通过后方可生效。

(三)网络安全审查专家委员会

网络安全审查专家委员会是由网络安全审查委员会聘请相关专家组成的专门委员会，依据第三方机构的评价结果，对网络产品和服务的安全风险及其提供者的安全可信状况进行综合评估。

(四)第三方评价机构

根据《审查办法》第 7 条的规定，国家将依法认定网络安全审查第三方机构，承担网络安全审查中的第三方评价工作。第三方机构将作为外部评估机构，配合网络安全审查办公室和网络安全专家委员会，完成对重要网络产品和服务的网络安全审查。专家委员会在第三方评价的基础上提出综合评估后，由网络安全审查委员会形成最终的审查结论。

同时，《审查办法》还对第三方评价机构的审查内容和审查义务作出了明确要求。根据《审查办法》第 11 条和第 12 条的规定，第三方机构应当坚持客观、公正、公平的原则，按照国家有关规定，参照有关标准，重点从产品和服务及其供应链的安全性、可控性，安全机制和技术的透明性等方面进行评价，并对评价结果负责。而且，第三方机构和其工作人员对审查工作中获悉的信息等承担安全保密义务，不得用于网络安全审查以外的目的。

五、网络安全审查办公室的审查程序

根据《审查办法》第 6 条的规定，关键信息基础设施运营者采购产品和服务时，应当预判产品和服务上线运行后带来的潜在风险，并形成安全风险报告，有特殊情况的应当向网络安全审查办公室申报网络安全审查。

网络安全审查办公室的审查程序如下：

(1)受理网络安全审查后应在 30 个工作日内完成初步审查，情况复杂的可延长 15 个工作日。

(2)完成初审后应当形成审查结论建议，并送网络安全审查工作机制成员单位征求意见。

(3)网络安全审查工作机制成员单位在 15 个工作日内书面回复意见。意见一致的，网络安全审查办公室以书面形式将审查结论反馈运营者；意见不一致的，进入特别审查程序并通知运营者。

(4)进入特别审查程序的，网络安全审查办公室应进一步听取相关部门、专业机构、专家意见，进行深入分析评论，形成审查结论建议，征求网络安全审查工作机制成员单位意见后，按程序报中央网络安全和信息化委员会批准。

六、安全审查的内容

根据《审查办法》第4条的规定，网络安全重点审查网络产品和服务的安全性、可控性，主要包括：

(1)产品和服务自身的安全风险，以及被非法控制、干扰和中断运行的风险；

(2)产品及关键部件生产、测试、交付、技术支持过程中的供应链安全风险；

(3)产品和服务提供者利用提供产品和服务的便利条件非法收集、存储、处理、使用用户相关信息的风险；

(4)产品和服务提供者利用用户对产品和服务的依赖，损害网络安全和用户利益的风险；

(5)其他可能危害国家安全的风险。

从《审查办法》的规定来看，审查的核心是产品和服务的安全性与可控性，具体又可以分为两个主要方面，一方面是产品自身以及其供应链的安全风险，另一方面是重点防范产品和服务提供者实施不法行为的风险。

《网络安全审查办法(征求意见稿)》第10条规定了网络安全审查办公室进行网络安全审查时应当考虑的因素：

(1)对关键信息基础设施持续安全稳定运行的影响，包括关键信息基础设施被控制、被干扰和业务连续性被损害的可能性；

(2)导致大量个人信息和重要数据泄露、丢失、毁损、出境等的可能性；

(3)产品和服务的可控性、透明性以及供应链安全，包括因为政治、外交、贸易等非技术因素导致产品和服务供应中断的可能性；

(4)对国防军工、关键信息基础设施相关技术和产业的影响；

(5)产品和服务提供者遵守国家法律与行政法规的情况以及承诺承担的责任和义务；

(6)产品和服务提供者受外国政府资助、控制的情况；

(7)其他可能危害关键信息基础设施安全和国家安全的因素。

七、法律责任

关于违反网络产品和服务安全审查的法律责任在《网络安全法》第65条中有明确规定：关键信息基础设施的运营者违反本法第35条规定，使用未经安全审查或者安全审查未通过的网络产品或者服务的，由有关主管部门责令停止使用，处采购金额一倍以上十倍以下罚款；对直接负责的主管人员和其他直接责任人员处一万元以上十万元以下罚款。

《审查办法》第15条规定，违反本办法规定的，依照有关法律法规予以处理。此外，《审查办法》第12条还对网络产品和服务提供者的配合义务提出了明确要求：网络产品和服务提供者应当对网络安全审查工作予以配合，并对提供材料的真实性负责。如果网络产品和服务提供者提供的审查材料存在真实性问题，很可能将承担相应的行政责任。但《网络安全审查办法(征求意见稿)》第14条规定，关键信息基础设施的运营者应对所提供材料的真实性负责。在审查过程中拒绝按要求提供材料或故意提供虚假材料的，按未通过安全审查处理。

网络安全审查制度在宏观上体现了国家坚决维护国家安全与网络主权的决心和执行力，是确保国家安全的重要威慑手段，同时也是防范网络安全风险的一项重要举措。尽管目前试行的《审查办法》在具体操作方式方法上可能还有待进一步落实与细化，但不可否认的是，《审查办法》已经构建了网络产品和服务安全审查的基本制度框架。考虑到安全审查结果不仅限制机关和企事业单位等主体的特定网络产品和服务的采购，也可能直接影响企业网络产品和服务的销售经营活动，因此，我们将持续密切关注《审查办法》细则规定的进展以及具体执法实践，为避免企业的经营活动受到负面影响提供帮助。

第六节 网络安全等级保护制度

《网络安全法》提出的一个重要制度就是“网络安全等级保护制度”，《网络安全法》第三章“网络运行安全”中的条款主要就是根据“等级保护制度”而提出的一系列对网络运营者和关键信息基础设施运营者的责任义务要求。

《网络安全法》第21条是我国在法律层面上首次提出“网络安全等级保护制度”这一概念，但《网络安全法》并未进一步阐明该制度的内涵，也未说明该制度的具体等级划分标准及实施办法。与此相关的是，在《网络安全法》出台之前，我国已通过相关法规确立了信息安全等级保护制度，对包含网络在内的计算机信息系统实施共分五级的安全保护，这项制度与《网络安全法》确立的网络安全等级保护制度有着重要的关联关系。国家标准化管理委员会于2016年11月3日曾公开了《信息安全技术 网络安全等级保护基本要求 第1部分：安全通用要求》的征求意见稿；2018年6月27日，公安部发布《网络安全等级保护条例(征求意见稿)》(以下简称《保护条例》)。作为《网络安全法》的重要配套法规，《保护条例》对网络安全等级保护的适用范围、各监管部门的职责、网络运营者的安全保护义务以及网络安全等级保护建设提出了更加具体、操作性也更强的要求，为开展等级保护工作提供了重要的法律支撑，尽管该标准和法规处于征求意见的过程中，但是在没有正式发布之前，该法规的要求对我们理解网络安全等级保护制度提供了重要的参考意见。2019年5月13日，《信息安全技术 网络安全等级保护基本要求》正式发布，在标准名称、保护对象、章节结构、控制措施等部分进行了修改和更新，标志着网络安全等级保护制度进入“等保2.0时代”。

一、网络安全等级保护制度概述

《网络安全法》第21条规定“国家实行网络安全等级保护制度，网络运营者应当按照网络安全等级保护制度，履行相应安全保护义务，保障网络免受干扰、破坏或者未经授权的访问，防止网络数据泄露或者被窃取、篡改”。对于网络安全等级保护制度，其核心可以理解为要求不同等级的安全保护对象具备相应的安全保护能力。

(一)不同等级的安全保护对象

根据《信息安全技术　网络安全等级保护基本要求》的规定，等级保护对象是指网络安全等级保护工作中的对象，通常是指由计算机或者其他信息终端及相关设备组成的按照一定的规则和程序对信息进行收集、存储、传输、交换、处理的系统，主要包括基础信息网络、云计算平台/系统、大数据应用/平台/资源、物联网(IoT)、工业控制系统和采用移动互联技术的系统等。等级保护对象根据其在国家安全、经济建设、社会生活中的重要程度，遭到破坏后对国家安全、社会秩序、公共利益以及公民、法人和其他组织的合法权益的危害程度等，由低到高被划分为五个安全保护等级。

第一级，等级保护对象受到破坏后，会对公民、法人和其他组织的合法权益造成损害，但不损害国家安全、社会秩序和公共利益。

第二级，等级保护对象受到破坏后，会对公民、法人和其他组织的合法权益产生严重损害，或者对社会秩序和公共利益造成损害，但不损害国家安全。

第三级，等级保护对象受到破坏后，会对公民、法人和其他组织的合法权益产生特别严重损害，或者对社会秩序和公共利益造成严重损害，或者对国家安全造成损害。

第四级，等级保护对象受到破坏后，会对社会秩序和公共利益造成特别严重损害，或者对国家安全造成严重损害。

第五级，等级保护对象受到破坏后，会对国家安全造成特别严重损害。

更为直观的，可以通过下表来识别安全保护等级。

受侵害的客体	对客体的侵害程度		
	一般损害	严重损害	特别严重损害
公民、法人和其他组织的合法权益	第一级	第二级	第三级
社会秩序、公共利益	第二级	第三级	第四级
国家安全	第三级	第四级	第五级

（二）不同等级的安全保护能力

如上所述，不同等级的保护对象应具备相应的基本安全保护能力，从第一级直到第五级，《信息安全技术　网络安全等级保护基本要求》对于前四级的安全保护能力予以了明确，对于第五级，由于直接关系国家安全，其安全保护能力要求自然最高，也可以理解为上不封顶，故不进行具体表述，其他四级安全保护能力如下：

第一级安全保护能力：应能够防护免受来自个人的、拥有很少资源的威胁源发起的恶意攻击、一般的自然灾难以及其他相当危害程度的威胁所造成的关键资源损害，在自身遭到损害后，能够恢复部分功能。

第二级安全保护能力：应能够防护免受来自外部小型组织的、拥有少量资源的威胁源发起的恶意攻击、一般的自然灾难以及其他相当危害程度的威胁所造成的重要资源损害，能够发现重要的安全漏洞和安全事件，在自身遭到损害后，能够在一段时间内恢复部分功能。

第三级安全保护能力：应能够在统一安全策略下防护免受来自外部有组织的团体、拥有较为丰富资源的威胁源发起的恶意攻击、较为严重的自然灾难以及其他相当危害程度的威胁所造成的主要资源损害，能够发现安全漏洞和安全事件，在自身遭到损害后，能够较快恢复绝大部分功能。

第四级安全保护能力：应能够在统一安全策略下防护免受来自国家级别的、敌对组织的、拥有丰富资源的威胁源发起的恶意攻击、严重的自然灾难以及其他相当危害程度的威胁所造成的资源损害，能够发现安全漏洞和安全事件，在自身遭到损害后，能够迅速恢复所有功能。

(三)网络安全等级的定级步骤

根据《保护条例》第三章“网络的安全保护”的规定，网络安全等级的确定的步骤如下：

确定定级对象→初步确认定级等级→专家评审→主管部门审核→公安机关备案审查

1. 网络定级

《保护条例》第16条规定，网络运营者应当在规划设计阶段确定网络的安全保护等级。当网络功能、服务范围、服务对象和处理的数据等发生重大变化时，需要根据情况调整定级。

2. 定级评审

《保护条例》第17条规定，第二级以上的网络必须经过专家评审、行业主管部门核准。跨省或者全国统一联网的网络由行业主管部门统一拟定安全保护等级、统一组织定级评审。行业主管部门可以根据国际标准和本行业网络特点制定行业网络安全等级保护定级指导意见。

3. 定级备案

《保护条例》第18条规定，第二级以上网络运营者在定级、撤销或变更调整网络安全保护等级时，需在10个工作日内，到县级以上公安机关备案。

4. 备案审核

《保护条例》第19条规定，由公安机关对备案材料进行审核，并在10个工作日内出具网络安全等级保护备案证明。

二、网络安全等级保护制度的基本要求

虽然《网络安全法》没有具体就网络安全等级保护制度予以详细规定，但是仍然对网络运营者提出了一些具体的安全保护基础性要求，同时在一般性要求以外，对于关键信息基础设施的运营者提出了更高的安全保护要求。

(一)网络运营者需落实的网络安全等级保护的基本要求

1. 制定内部安全管理制度和操作规程

根据《网络安全法》第21条第1项的规定，网络运营者需制定内部安全管理制度和操作规程。内部安全管理制度是网络运营者制定的有关网络安全管理组织架构、人员配备、行为规范、管理责任的规则；操作规程是网络运营者制定的有关人员在操作设备或办理业务时应当遵守的程序或者步骤。网络运营者应当依照法律、行政法规及网络安全等级保护制度的规定，制定内部安全管理制度和操作规程，细化并落实安全管理义务，对安全管理活动中的主要管理内容建立安全管理制度，对要求管理人员或操作人员执行的日常管理操作建立操作规程。安全管理制度应通过正式、有效的方式发布，并进行版本控制，应定期对安全管理制度的合理性和适用性进行论证和审定，对存在不足或需要改进的安全管理制度进行修订。

2. 确定网络安全负责人

根据《网络安全法》第21条第1项的规定，网络运营者需确定网络安全负责人，落实网络安全保护责任。具体而言，网络运营者需根据不同保护等级设立信息安全管理工作的职能部门，设立安全主管、安全管理各个方面的负责人岗位，并明确各负责人的职责；应设立系统管理员、网络管理员、安全管理员等岗位，并明确各个工作岗位的职责。

3. 采取防范危害网络安全行为的技术措施

根据《网络安全法》第21条第2项的规定，网络运营者应当采取技

术防范措施，防范计算机病毒和网络攻击、网络侵入等网络安全风险，落实网络安全等级保护制度。对于防范网络攻击，除了《网络安全法》的规定以外，《计算机信息网络国际联网安全保护管理办法》、公安部发布的《互联网安全保护技术措施规定》等规定中也对网络运营者应该承担的技术措施作出了规定。总体来说，对于网络运营者提出的要求，主要是应当采取包括安装防病毒软件等技术措施，防范计算机病毒，另外需安装网络身份认证系统、网络入侵检测系统、网络风险审计系统等，防范网络攻击、侵入等。概言之，网络技术在不断更新换代之中，网络攻防的技术手段也在不断变化，但是以技术对抗技术的整体网络安防思路是一以贯之的。

4. 监测记录网络运行状态，留存网络日志

根据《网络安全法》第 21 条第 3 项的规定，网络运营者应当采取监测、记录网络运行状态、网络安全事件的技术措施，并按照规定留存相关的网络日志不少于 6 个月。网络日志是对网络信息系统的用户访问、运行状态、系统维护等情况的记录，对于追溯非法操作、未经授权的访问，并维护网络安全以及调查网络违法犯罪活动来说意义重大。

在《网络安全法》颁布之前，《互联网信息服务管理办法》第 14 条已有日志留存的规定，即互联网信息服务提供者和互联网接入服务提供者的记录备份应当保存 60 日。但从执法实践来看，《互联网信息服务管理办法》第 14 条规定的 60 日期限过短，一旦发生网络违法犯罪可能难以有效追溯，从而出现无法完成日志信息调取工作的情况。鉴于此，第 21 条规定网络运营者留存监测、记录网络运行状态和网络安全事件的日志信息不少于 6 个月，从法律层面来说，这在一定程度上解决了原有法规中日志留存时限仅有 60 日，难以满足追溯网络违法犯罪需要的情况。

5. 数据分类、重要数据备份和加密

根据《网络安全法》第 21 条第 4 项的规定，网络运营者应当采取数据分类、重要数据备份和加密等措施。由于网络数据安全对维护国家安

全、经济安全，保护公民合法权益，促进数据利用至为重要，因而，网络安全等级制度要求网络运营者对数据进行分类，对重要数据采取备份和加密等措施，防止网络数据被窃取或者篡改。

《保护条例》第20条除了规定了以上5项基本要求，还规定其他网络运营者需要履行的一般安全保护义务：

(1)依法收集、使用、处理个人信息，并落实个人信息保护措施，防止个人信息泄露、损毁、篡改、窃取、丢失和滥用；

(2)落实违法信息发现、阻断、消除等措施，落实防范违法信息大量传播、违法犯罪证据灭失等措施；

(3)落实联网备案和用户真实身份查验等责任；

(4)对网络中发生的案事件，应当在24小时内向属地公安机关报告；泄露国家秘密的，应当同时向属地保密行政管理部门报告。

《保护条例》第21条还规定，第三级以上网络的运营者除履行本条例第20条规定的网络安全保护义务外，还应当履行下列安全保护义务：

(1)确定网络安全管理机构，明确网络安全等级保护的工作职责，对网络变更、网络接入、运维和技术保障单位变更等事项建立逐级审批制度；

(2)制定并落实网络安全总体规划和整体安全防护策略，制定安全建设方案，并经专业技术人员评审通过；

(3)对网络安全管理负责人和关键岗位的人员进行安全背景审查，落实持证上岗制度；

(4)对为其提供网络设计、建设、运维和技术服务的机构和人员进行安全管理；

(5)落实网络安全态势感知监测预警措施，建设网络安全防护管理平台，对网络运行状态、网络流量、用户行为、网络安全案事件等进行动态监测分析，并与同级公安机关对接；

(6)落实重要网络设备、通信链路、系统的冗余、备份和恢复措施；

(7)建立网络安全等级测评制度，定期开展等级测评，并将测评情况及安全整改措施、整改结果向公安机关和有关部门报告。

(二)关键信息基础设施运营者需落实的网络安全等级保护要求

《网络安全法》在对网络运营者提出安全保护义务的具体要求外，还在第34条中对关键信息基础设施运营者提出了另外4项具体的安全保护义务要求。

1. 设置网络安全管理机构，并对网络安全负责人进行背景审查

根据《网络安全法》第34条第1项的规定，CIIO应当设置专门安全管理机构和安全管理负责人，并对该负责人和关键岗位的人员进行安全背景审查。具体而言，应成立指导和管理信息安全工作的委员会或领导小组，其最高领导由单位主管领导委任或授权，同时设立信息安全管理工作的职能部门，设立安全主管、安全管理各个方面的负责人岗位，并定义各负责人的职责，配备一定数量的系统管理员、网络管理员、安全管理员等。对于关键岗位的人员在录用前，应对其身份、背景、专业资格和资质等进行审查，对其所具有的技术技能进行考核。

2. 定期对从业人员开展网络安全教育与培训

根据《网络安全法》第34条第2项的规定，CIIO应当定期对从业人员进行网络安全教育、技术培训和技能考核。具体而言，应对各类人员进行安全意识教育和岗位技能培训，并告知相关的安全责任和惩戒措施。同时，在培训方面，应对不同岗位制定不同的培训计划，对信息安全基础知识、岗位操作规程等进行定期的培训。

3. 对重要系统和数据库进行容灾备份

根据《网络安全法》第34条第3项的规定，CIIO应当对重要系统和数据库进行容灾备份。容灾备份的要求高于一般性质的数据备份，具体来说，应满足提供重要数据的本地数据备份与恢复功能，必要时应提供异地实时备份功能，建立异地灾难备份中心，提供业务应用的实时切换，利用通信网络将重要数据实时备份至备份场地。

4. 制定网络安全事件应急预案并演练

根据《网络安全法》第 34 条第 3 项的规定，CIIO 应当制定网络安全事件应急预案，并定期进行演练。具体可以包括：规定统一的应急预案框架，并在此框架下制定不同事件的应急预案，例如启动预案的条件、应急处理流程、系统恢复流程、事后教育和培训等内容；从人力、设备、技术和财务等方面确保应急预案的执行有足够的资源保障；定期对系统相关的人员进行应急预案培训，并进行应急预案的演练；应定期对原有的应急预案重新评估，修订完善，等等。

《网络安全法》第 21 条是我国在法律层面上首次提出“网络安全等级保护制度”这一概念，但由于《网络安全法》的规定尚不明确，我们目前暂无法判断网络安全等级保护制度最终的具体内容，在关于网络安全等级保护制度的细化法规出台之前，我们建议政府机构、企事业单位、各类涉网团体等参照《信息安全技术 网络安全等级保护基本要求 第 1 部分：安全通用要求》征求意见稿的内容，结合《网络安全法》第 21 条和 34 条的具体规定对企业进行合规审查整改。

三、对网络安全等级保护的监督管理

根据《保护条例》的规定，对网络安全等级保护的监督管理主要有以下几点：

(1)第三级以上网络运营者实行重点监督管理；地市级以上公安机关每年将网络安全等级保护工作情况通报同级网信部门。

(2)公安机关对日常网络安全防范工作、重大网络安全风险隐患整改情况、重大网络安全事件应急处置和恢复工作、重大活动网络安全保护工作落实情况等进行监督检查，对第三级以上网络运营者每年至少开展一次安全检查。可会同其行业主管部门开展安全检查。

(3)明确公安机关的检查处置权利。发现网络安全风险隐患的，要求网络运营者消除，不能消除的限期整改；第三级以上网络存在重大安全风险隐患的通报行业主管部门，并向同级网信部门通报。

(4)公安机关在监督检查中发现重大隐患需报告同级人民政府、网信部门和上级公安机关。

(5)第三级以上网络运营者的关键人员(含安全服务人员)不得擅自参加境外组织的网络攻防活动。

(6)公安机关应当根据有关规定处置网络安全事件，开展事件调查，认定事件责任，依法查处危害网络安全的违法犯罪活动。必要时，可以责令网络运营者采取阻断信息传输、暂行网络运行、备份相关数据等紧急措施。网络运营者应当配合、支持公安机关和有关部门开展事件调查和处置工作。

(7)网络存在的安全风险隐患严重威胁国家安全、社会秩序和公共利益的，紧急情况下公安机关可以责令其停止联网、停机整顿。

(8)网络运营者的法定代表人、主要负责人及其行业主管部门对等级保护情况要进行管理及监管。发生重大安全风险及隐患，省级以上人民政府公安部门、保密行政管理部门、密码管理部门有权对其进行约谈。

第三章 《网络安全法》合规十大核心责任

2017年6月1日开始实施的《网络安全法》，共7章79条，我们结合《网络安全法》和相关配套制度以及近期监管执法趋势，梳理出网络安全合规的十项核心责任，供政府机关及企事业单位进行整体网络安全合规体系建设时参考。

一、建立内部网络安全管理制度

《网络安全法》第21条第1款明确规定，网络运营者应当制定内部安全管理制度和操作规程。是否有合规的、完善的网络安全管理制度，是网络安全合规审查的首要关注点。这不仅是企业开展网络业务的前提条件，也是网络公共安全事件发生后，企业是否应当承担责任以及承担多大责任的首要考量因素。

网络运营者应当依照法律、行政法规及网络安全等级保护制度的规定，制定内部安全管理制度和操作规程，细化并落实安全管理义务，对安全管理活动中的主要管理内容建立安全管理制度，对安全管理人员或操作人员执行的日常管理操作建立操作规程。安全管理制度应通过正式、有效的方式发布，并进行版本控制，应定期对安全管理制度的合理性和适用性进行论证和审定，对存在不足或需要改进的安全管理制度进行修订。

二、建立网络安全岗位和责任人制度

《网络安全法》第 21 条第 1 款、第 34 条第 1 款都规定，企业应当设立网络安全专门岗位及人员，这不仅是企业满足网络安全合规要求的体现，更是网络安全责任事件发生后如何确定相应责任人员的重要依据，而且《网络安全法》还规定了大量针对“网络安全直接责任人员”的处罚措施，包括罚款、行业禁入等。对于网络安全负责人的岗位和职责，《网络安全法》并没有对其进行具体的规定，但是在《关键信息基础设施安全保护条例(征求意见稿)》中规定了网络安全负责人的具体职责，包括：①组织制定网络安全规章制度、操作规程并监督执行；②组织对关键岗位人员的技能考核；③组织制定并实施本单位网络安全教育和培训计划；④组织开展网络安全检查和应急演练，应对处置网络安全事件；⑤按规定向国家有关部门报告网络安全重要事项、事件。在正式文件没有出台的情形下，企业的网络安全负责人可以按照此规定履行职责，确保企业的网络安全合规，减少企业的合规风险以及负责人自身的法律风险。

三、建立个人信息保护制度

个人信息及隐私保护，是近几年网络安全立法与执法的重中之重，也是企业网络安全合规风险的高发地。《网络安全法》在第四章“网络信息安全”中集中规定了个人信息保护的要求，明确了企业需建立个人信息保护机制。近期以来，各地网信办、网安部门也掀起了一轮个人信息保护专项执法活动高潮，执法与打击力度正在不断加强。有关个人信息保护的相关法律法规也在不断出台，企业在建立个人信息保护制度的同时也应当随时关注新规定，随时修改完善个人信息保护制度，进行合规自查。

四、建立实名制制度

《网络安全法》以法律的形式明确提出了网络运营者必须落实用户

实名制的要求，具体而言，《网络安全法》第 24 条规定“网络运营者为用户办理网络接入、域名注册服务，办理固定电话、移动电话等入网手续，或者为用户提供信息发布、即时通讯等服务，在与用户签订协议或者确认提供服务时，应当要求用户提供真实身份信息。用户不提供真实身份信息的，网络运营者不得为其提供相关服务”。《网络安全法》规定的用户身份管理制度包括基础环节和应用环节。基础环节包括网络接入、域名注册、固定电话和移动电话入网等。按照我国目前有关网络接入、互联网域名注册以及电话用户身份管理方面的规定，都要求用户出示有效证件，并予以核对、登记。应用环节包括提供信息发布、即时通讯服务等。按照《互联网用户账号名称管理规定》，互联网信息服务使用者通过真实身份信息认证后注册账号。要求用户提供真实身份信息是网络运营者的一项法定义务，网络运营者在与用户签订协议或者确认提供服务时，应当要求用户提供真实身份信息；用户不提供真实身份信息的，网络运营者不得为其提供相关服务。

五、建立网络安全事件应急预案

为了提高和强化企业应对网络安全事件的应急处置能力，《网络安全法》特别提出了网络运营者必须制定网络安全事件应急预案的要求，并且对 CIIO(关键信息基础设施运营者)而言，还必须定期进行应急预案演练，具体规定在《网络安全法》第 25 条和第 34 条第 4 款中。应急预案通常包括下列内容：①明确有关各方的分工和责任；②明确各类事故的诊断方法和流程，事故场景应覆盖电力故障、火情水灾、人为破坏、病毒爆发、网络攻击、计算机硬件故障、操作系统故障、系统漏洞、应用系统故障以及其他各类与网络相关的故障；③制定网络恢复流程和应急处置操作手册；④明确应急恢复过程中的关键状态，并明确不同状态的沟通和报告内容及等级；⑤明确应急相关人员的协调内容和沟通方式；⑥明确系统重建步骤，确保网络恢复正常业务处理能力。

六、建立网络安全教育和培训制度

为了保证关键信息基础设施的安全管理人员和从业人员能够具备从事网络安全工作的安全意识、工作技能，在《网络安全法》第34条第2款中，明确规定CIIO必须定期对从业人员进行网络安全教育、技术培训和技能考核。

七、建立网络信息内容审查机制

《网络安全法》第47条规定，网络运营者应加强对其用户发布的信息的管理，发现禁止发布或者传输的信息的，应当立即停止传输该信息，采取消除等处置措施，防止信息扩散。同时第49条还规定，网络运营者应建立信息安全投诉、举报制度。《网络安全法》出台以来，企业在网络安全领域的合规风险，大部分来自对网络平台信息内容的审查不力或监管疏漏，网信办、新闻出版广电总局等先后对一批网络服务提供者作出了处罚决定，也主要是处罚网络服务提供者对平台信息内容审查不力，主体责任落实不到位。

八、建立数据留存备份制度

留存备份网络数据是《网络安全法》对网络运营者提出的一项基本要求。《网络安全法》第21条第3款规定，“采取监测、记录网络运行状态、网络安全事件的技术措施，并按照规定留存相关的网络日志不少于六个月”；另，第21条第4款规定，网络运营者应当对重要数据进行备份。实践中，已有部分企业因为数据留存制度不规范，受到各地主管部门的处罚。

九、建立网络产品和服务采购安全审查制度

《网络安全法》第35条明确规定，关键信息基础设施的运营者采购网络产品和服务，可能影响国家安全的，应当通过国家网信部门会同国

务院有关部门组织的国家安全审查。2017 年 6 月 1 日，网信办发布了安全审查的配套规定——《网络产品和服务安全审查办法(试行)》，明确了相关安全审查具体办法。

十、建立数据出境安全评估制度

个人信息和重要数据跨境转移有关的限制被认为是《网络安全法》及其配套制度的一个重要制度突破，也是对部分跨国公司影响最大的一条。《网络安全法》第 37 条对此作了原则性的规定，2017 年 4 月 11 日发布的《个人信息和重要数据出境安全评估办法(征求意见稿)》中确立了较为系统的具体规则。

第四章　网络安全合规尽职调查清单及常用文件、表格

第一节　网络安全合规尽职调查清单

网络安全合规尽职调查清单：

A 基础安全管理制度				
调查项目		调查子项目		结果（Y/N）
A1	管理制度	A101	安全管理活动中的各类管理内容均要建立安全管理制度	
		A102	建立日常管理操作规程	
		A103	形成由安全策略、管理制度、操作规程、记录表单等构成的全面的信息安全管理制度体系	
A2	制定和发布	A201	指定或授权专门的部门或人员负责安全管理制度的制定	
		A202	安全管理制度通过正式、有效的方式发布，并进行版本控制	
A3	评审和修订	A301	定期对安全管理制度的合理性和适用性进行论证和审定，对存在不足或需要改进的地方进行修订	

续表

B 安全管理机构和人员				
调查项目		调查子项目		结果（Y/N）
B1	岗位和人员设置	B101	成立指导和管理网络安全工作的委员会或领导小组，其最高领导由单位主管领导委任或授权	
		B102	设立网络安全管理工作的职能部门，设立安全主管的负责人岗位，并定义各负责人的职责	
		B103	设立系统管理员、网络管理员、安全管理员等岗位，并定义部门及各个工作岗位的职责	
		B104	安全管理员应专职，不可兼任	
B2	授权和审批	B201	根据各个部门和岗位的职责，明确授权审批事项、审批部门和批准人等	
		B202	针对系统变更、重要操作、物理访问和系统接入等事项建立审批程序，按照审批程序执行审批过程	
		B203	定期审查审批事项，及时更新需授权和审批的项目、审批部门和审批人等信息	
B3	人员录用	B301	人员录用应由专人负责	
		B302	对被录用人员的身份、背景、专业资格和资质等进行审查	
		B303	对被录用人员所具有的技术技能进行考核	
		B304	与被录用人员签署《保密协议》	
		B305	与关键岗位被录用人员签署《岗位责任协议》	
B4	教育和培训	B401	对各类人员进行安全意识教育和岗位技能培训，并告知相关的安全责任和惩戒措施	
		B402	针对不同岗位制定不同的培训计划，对信息安全基础知识、岗位操作规程等进行培训	

续表

调查项目			调查子项目	结果(Y/N)
B5	人员离岗	B501	及时终止离岗员工的所有访问权限，取回各种身份证件、钥匙、徽章等，以及机构提供的软硬件设备	
		B502	办理严格的调离手续，签署《保密承诺书》后方可离开	
B6	沟通和合作	B601	与兄弟单位、公安机关、各类供应商、业界专家及安全组织建立合作与沟通	
		B602	建立外联单位联系列表，包括外联单位名称、合作内容、联系人和联系方式等信息	
B7	审核和检查	B701	定期进行常规安全检查，包括系统日常运行、系统漏洞和数据备份等，制定《常规安全检查表》	
		B702	定期进行全面安全检查，包括现有安全技术措施的有效性、安全配置与安全策略的一致性、安全管理制度的执行情况等，制定《全面安全检查表》	
		B703	定期汇总安全检查数据和《安全检查表》，形成《安全检查报告》，并通报安全检查结果	
B8	外部人员访问管理	B801	确保在外部人员物理访问受控区域前先提出书面申请，批准后由专人全程陪同，并登记备案(《外部人员访问申请表》《外部人员访问登记表》)	
		B802	确保在外部人员接入网络访问系统前先提出书面申请，批准后由专人开设账号、分配权限，并登记备案(《外部人员网络接入申请表》《外部人员网络接入登记表》)	
		B803	外部人员离场后应及时清除其所有的访问权限	
		B804	获得系统访问授权的外部人员应签署《外部授权访问人员保密协议》，不得进行非授权操作，不得复制和泄露任何敏感信息	
		B805	对关键区域或关键系统不允许外部人员访问	

续表

C 安全建设管理				
调查项目		调查子项目		结果（Y/N）
C1	定级和备案	C101	组织定级工作，以书面的形式说明保护对象的边界、安全保护等级及确定等级的方法和理由	
		C102	组织相关部门和安全技术专家对定级结果的合理性和正确性进行论证和审定	
		C103	确保定级结果经过相关部门的批准	
		C104	将备案材料报主管部门和相应公安机关备案	
C2	安全方案设计	C201	根据安全保护等级选择基本安全措施，进行安全整体规划和安全方案设计，并形成配套文件	
		C202	组织相关部门和安全专家对安全整体规划及其配套文件的合理性和正确性进行论证和审定	
C3	产品服务采购	C301	审核采购的信息安全产品是否符合国家规定，如是否通过网络安全认证，并签订《安全保密协议》	
		C302	采购服务的，应审核服务供应商的资质，并签订《安全保密协议》	
		C303	预先对产品进行选型测试，确定产品的候选范围，并定期审定和更新候选产品名单	
		C304	与选定的服务供应商签订协议，明确整个服务供应链各方需履行的网络安全相关义务	
		C305	定期监视、评审和审核服务供应商提供的服务，并对其变更服务内容加以控制	
		C306	对重要部位的产品委托专业测评单位进行专项测试，根据测试结果选用产品	

续表

调查项目		调查子项目		结果（Y/N）
C4	自行软件开发	C401	开发环境与实际运行环境物理分开，测试数据和测试结果受到控制	
		C402	制定《软件开发管理制度》，明确说明开发过程的控制方法和人员行为准则	
		C403	制定《代码编写安全规范》，要求开发人员参照规范编写代码	
		C404	制定《软件设计的相关文档和使用指南》，并对文档使用进行控制	
		C405	在软件开发过程中对安全性进行测试，在软件安装前对可能存在的恶意代码进行检测	
		C406	对程序资源库的修改、更新、发布进行授权和批准，并严格进行版本控制	
		C407	开发人员为专职人员，开发人员的开发活动受到控制、监视和审查	
C5	外包软件开发	C501	在软件交付前检测软件质量和其中可能存在的恶意代码	
		C502	要求开发单位提供软件设计文档和使用指南	
		C503	要求开发单位提供软件源代码，并审查软件中可能存在的后门和隐蔽信道	
C6	工程实施	C601	指定或授权专门的部门或人员负责工程实施过程的管理	
		C602	通过第三方工程监理控制项目的实施过程	
C7	测试验收	C701	制定测试验收方案，并依据测试验收方案实施测试验收，形成《测试验收报告》	
		C702	进行上线前的安全性测试，并出具《安全测试报告》	

续表

调查项目		调查子项目		结果（Y/N）
C8	系统交付	C801	制定交付清单，并根据交付清单对所交接的设备、软件和文档等进行清点	
		C802	对负责运行维护的技术人员进行相应的技能培训	
		C803	确保提供建设过程中的文档和指导用户进行运行维护的文档	
C9	等级测评	C901	定期进行等级测评，发现不符合相应等级保护标准要求的要及时整改	
		C902	在发生重大变更或级别发生变化时进行等级测评	
		C903	选择具有国家相关技术资质和安全资质的测评单位进行等级测评	
D 安全运维管理				
D1	环境管理	D101	指定专门部门或人员负责机房安全，对机房出入进行管理，定期对机房供配电、空调、温湿度控制、消防等设施进行维护管理	
		D102	建立《机房安全管理制度》，对有关机房物理访问，物品带进、带出机房和机房环境安全等方面的管理作出规定	
		D103	不在重要区域接待来访人员，桌面上没有包含敏感信息的纸质文件、移动介质等	
		D104	对出入人员进行相应级别的授权，对进入重要安全区域的人员和活动实时监视等	
D2	资产管理	D201	编制并保存与保护对象相关的资产清单，包括资产责任部门、重要程度和所处位置等内容	
		D202	根据资产的重要程度对资产进行标识管理，根据资产的价值选择相应的管理措施	

续表

调查项目		调查子项目		结果（Y/N）
D3	介质管理	D301	介质存放在安全的环境中，实行存储环境专人管理，并根据存档介质的目录清单定期盘点	
		D302	对介质在物理传输过程中的人员选择、打包、交付等情况进行控制，并对介质的归档和查询等进行登记	
		D303	含有存储介质的设备带出工作环境时，其中重要数据必须加密	
		D304	含有存储介质的设备在报废或重用前，应进行完全清除或被安全覆盖，确保该设备上的敏感数据和授权软件无法被恢复重用	
D4	设备维护管理	D401	对各种设备（包括备份和冗余设备）、线路等，指定专门的部门或人员定期进行维护管理	
		D402	建立配套设施、软硬件维护方面的管理制度，对其维护进行有效的管理，包括明确维护人员的责任、涉外维修和服务的审批、维修过程的监督控制	
		D403	信息处理设备必须经过审批才能带离机房或办公地点	
D5	漏洞和风险管理	D501	采取必要的措施识别安全漏洞和隐患，对发现的安全漏洞和隐患及时进行修补	
D6	网络和系统安全管理	D601	指定专门的部门或人员进行账号管理，对申请账号、建立账号、删除账号等进行控制	
		D602	建立网络和系统安全管理制度，对安全策略、账号管理、配置管理、日志管理、日常操作、升级与打补丁、口令更新周期等方面作出规定	
		D603	详细记录运维操作日志，包括日常巡检工作、运行维护记录、参数的设置和修改等内容	

续表

调查项目			调查子项目	结果（Y/N）
D6	网络和系统安全管理	D604	严格控制运维工具的使用，经过审批后才可接入进行操作，操作过程中应保留不可更改的审计日志，操作结束后应删除工具中的敏感数据	
		D605	严格控制远程运维的开通，经过审批后才可开通远程运维接口或通道，操作过程中应保留不可更改的审计日志，操作结束后立即关闭接口或通道	
		D606	保证所有与外部的连接均得到授权和批准，应定期检查违反规定无线上网及其他违反网络安全策略的行为	
D7	恶意代码防范管理	D701	告知相关人员对外来计算机或存储设备接入系统前进行恶意代码检查等	
		D702	对恶意代码防范要求作出规定，包括防恶意代码软件的授权使用、恶意代码库升级、恶意代码定期查杀等	
		D703	定期验证防范恶意代码攻击的技术措施的有效性	
D8	配置管理	D801	对系统的基本配置信息进行记录和保存，包括网络拓扑结构、各设备安装的软件组件、软件组件的版本和补丁信息、各个设备或软件组件的配置参数等	
		D802	制定重要设备的配置和操作手册，依据手册对设备进行安全配置和优化配置等	
		D803	实施对配置信息改变的控制，并及时更新基本配置信息库	
D9	变更管理	D901	明确变更需求，变更前根据变更需求制定变更方案，变更方案经过评审、审批后方可实施	
		D902	建立变更的申报和审批控制程序，依据程序控制系统所有的变更，记录变更实施过程	

续表

调查项目		调查子项目		结果（Y/N）
D10	备份与恢复管理	D1001	识别需要定期备份的重要业务信息、系统数据及软件系统等	
		D1002	对备份信息的备份方式、备份频度、存储介质、保存期等作出书面规定	
		D1003	根据数据的重要性和数据对系统运行的影响，制定数据的备份策略和恢复策略、备份程序和恢复程序	
D11	安全事件处置	D1101	发现安全弱点和可疑事件时应当报告	
		D1102	制定安全事件报告和处置管理制度，明确报告、处置和响应流程，规定安全事件的现场处理、事件报告和后期恢复的管理职责	
		D1103	在安全事件报告和响应处理过程中，分析事件产生的原因，收集证据，记录处理过程，总结经验教训	
D12	应急预案管理	D1201	制定应急预案	
		D1202	从人力、设备、技术和财务等方面确保应急预案的执行有足够的资源保障	
		D1203	定期对系统相关的人员进行应急预案培训	
		D1204	定期进行应急预案的演练	

第二节　网络安全合规常用文件

一、网络安全管理制度

第一章　总　　则

第一条　为了保障本机构的网络安全，维护本机构的合法权益，落实网络安全责任，依照《中华人民共和国网络安全法》及相关配套法律的规定，制定本管理制度。

本管理制度是网络安全的纲领性制度，各部门应依据本制度的规定并结合部门的实际情况制定相应的网络安全实施细则。

第二条　本制度适用于本机构及其所有下属分支机构和组织。

第三条　本机构内网络的建设、运营、使用、维护和网络安全的监督管理，适用本制度。

第四条　本机构坚持网络安全与发展并重，遵循积极利用、科学发展、依法管理、确保安全的方针，鼓励网络技术创新和应用，建立健全网络安全保障体系，提高网络安全保护能力。

第五条　与执行本制度相关的评估、鉴定、教育、培训等活动，可聘请有专业能力的第三方机构参与。

第六条　本制度作为员工手册的重要组成部分，应组织全体员工学习并进行考核。

第七条　任何个人和组织均可向本机构举报危害本机构网络安全的行为，相关人员在接到举报后应立即请示安全管理责任人，由其作出处理。如涉及违法犯罪的，将移交相关司法部门予以处理。

本机构对举报人的相关信息予以保密，举报行为经核查属实后，会根据相关规定予以物质奖励。

第二章　网络安全管理机构和人员

第八条　本机构设立管理网络安全的主管部门(以下简称“网络安全部”)，负责网络安全管理制度的制定、修改、解释和监督执行。

第九条　网络安全部的负责人由本机构主管领导委任或者授权他人担任，网络安全部分别设有安全主管、安全管理岗位负责人等职位。各安全主管和管理岗位负责人承担相应的岗位职责。

第十条　网络安全部有权依照本制度的规定会同人力、行政等部门制定相应的配套执行细则，其他部门应予以协助。

第十一条 网络安全管理机构的人员配备。网络安全部应根据本机构的实际情况配备一定数量的系统管理员、网络管理员和安全管理员等。高级密度的项目或数据应当由专业的安全管理员全职担任。

第十二条 网络安全相关事项的授权和审批:

(一)根据各个部门和岗位的职责明确授权审批事项、审批部门和批准人;

(二)应针对系统变更、重要操作、物理访问和系统接入等事项建立审批程序,按照审批程序执行审批过程,对重要活动建立逐级审批制度;

(三)应定期审查审批事项,及时更新需授权和审批的项目、审批部门和审批人等信息。

第十三条 网络安全相关事项的审核和检查:

(一)定期进行常规安全检查,检查内容包括系统日常运行、系统漏洞和数据备份等情况;

(二)定期进行全面安全检查,检查内容包括:现有安全技术措施的有效性、安全配置与安全策略的一致性、安全管理制度的执行情况等;

(三)制定安全检查表格实施安全检查,汇总安全检查数据,形成安全检查报告,并对安全检查结果进行通报。

第十四条 网络安全相关人员的录用和离岗:

(一)网络安全相关人员录用

1. 对拟被录用人员的身份、背景、专业资格和资质等进行审查,对其所具有的技术技能进行考核;

2. 应与被录用人员签署保密协议,与关键岗位人员签署岗位责任协议;

3. 应从内部人员中选拔从事关键岗位的人员。

(二)网络安全相关人员离岗

1. 及时终止离岗员工的所有访问权限,取回各种身份证件、钥匙、徽章等，以及机构提供的软硬件设备；

2. 办理严格的调离手续，并签订保密承诺书，承诺调离后的保密义务。

第十五条　网络安全意识教育和培训：

（一）聘请专业人员对各类人员进行安全意识教育和岗位技能培训，并告知相关的安全责任和惩戒措施。

（二）应针对不同岗位制定不同的培训计划，对信息安全基础知识、岗位操作规程等进行培训。

（三）网络安全继续教育和培训原则上每年不少于两期，相关培训费用由本机构承担。

第三章　外部人员访问管理

第十六条　外部人员物理访问受控区域前应提出书面申请，获得书面批准后由专人全程陪同，并将详细访问情况登记备案。

第十七条　外部人员接入网络访问系统前应先提出书面申请，获得书面批准后由专人开设账号、分配权限，并登记备案。

第十八条　外部访问人员离场后应及时清除其所有的访问权限。

第十九条　获得系统访问授权的外部人员应签署保密协议，不得进行非授权操作，不得复制和泄露任何敏感信息。

第二十条　关键区域和关键系统不允许外部人员访问。

第四章　网络安全等级管理

第二十一条　网络安全部应根据相关的法律法规，结合本机构的实际情况，以书面的形式阐述本机构保护对象的边界、安全保护等级及确定等级的方法和理由，并组织相关部门和有关安全技术专家对定级结果的合理性和正确性进行论证和审定。

第二十二条　网络安全部应确保定级结果经过相关部门的批准，并将备案材料报主管部门和相应公安机关备案。

第二十三条　网络安全部应根据安全保护等级选择基本安全措施，依据风险分析的结果补充和调整安全措施。

第二十四条　网络安全部应根据保护对象的安全保护等级及与其他级别保护对象的关系进行安全整体规划和安全方案设计，并形成配套文件。

第二十五条　网络安全部应组织相关部门和有关安全专家对安全整体规划及其配套文件的合理性和正确性进行论证和审定，经过批准后才能正式实施。

第五章　网络产品采购和使用

第二十六条　网络安全部负责本机构信息网络设备，包括软硬件的采购和使用培训工作。

第二十七条　信息网络安全产品的采购和使用应符合国家的有关规定：

（一）应确保密码产品采购和使用符合国家密码主管部门的要求；

（二）应预先对产品进行选型测试，确定产品的候选范围，并定期审定和更新候选产品名单；

（三）应对重要部位的产品委托专业测评单位进行专项测试，根据测试结果选用产品。

第二十八条　网络安全部负责监督管理本机构内部软件的使用情况，并负责软件预算编列及软件异动等事项。

第二十九条　新的信息系统上线，由网络安全部会同软件需求部门对软件系统进行评估，并作出上线计划，上线后进行测试，记录各项测试数据、参数配置及测试结果。

在测试中发现的问题需及时向供应商反馈，并进行书面记录且整改。当新系统替换旧系统时，业务部门需对旧系统下线前的期末数据与新系统上线后的期初数据进行核实，并执行严格的保密措施，确认无误后方可投入使用。

供应商完成系统测试后，需获取测试验收确认函，确保软件系统满足业务需求，并及时对系统用户进行培训指导。

第六章　软件开发管理

第三十条　在自行开发软件的情况下，网络安全部应会同技术开发部门采取以下安全措施：

（一）开发环境与实际运行环境物理分开，测试数据和测试结果受到控制；

（二）制定软件开发管理制度，明确说明开发过程的控制方法和人员行为准则；

（三）制定代码编写安全规范，要求开发人员参照规范编写代码；

（四）确保具备软件设计的相关文档和使用指南，并对文档使用进行控制；

（五）确保在软件开发过程中对安全性进行测试，在软件安装前对可能存在的恶意代码进行检测；

（六）应确保对程序资源库的修改、更新、发布进行授权和批准，并严格进行版本控制；

（七）应确保开发人员的开发活动受到控制、监视和审查。

第七章　外包软件开发管理

第三十一条　委托第三方开发软件时必须签订书面合同。

第三十二条　在软件开发过程中，网络安全部应指定或授权专门的部门或人员负责开发过程的安全管理。

第三十三条　在软件交付前，网络安全部应会同本机构技术部门或者第三方监理机构完成以下工作：

（一）要求开发单位提供软件设计文档和使用指南；

（二）检测软件质量和其中可能存在的恶意代码；

（三）要求开发单位提供软件源代码，并审查软件中可能存在的后门和隐蔽信道。

第三十四条　软件测试验收阶段，网络安全部应会同本机构技术部门或者第三方监理机构完成以下工作：

(一)制定测试验收方案，并依据测试验收方案实施测试验收，形成测试验收报告；

(二)应进行上线前的安全性测试，并出具安全测试报告。

第三十五条　系统交付阶段，网络安全部应会同本机构技术部门制定交付清单，并根据交付清单对所交接的设备、软件和文档等进行清点，对负责运行维护的技术人员进行相应的技能培训。

第三十六条　网络安全部应会同本机构技术部门选择具有国家相关技术资质和安全资质的测评单位定期进行等级测评，发现不符合相应等级保护标准要求的予以及时整改。

第三十七条　网络安全部在选择服务供应商时应确保服务供应商的选择符合国家的有关规定，并与选定的服务供应商签订相关协议，明确整个服务供应链各方需履行的信息网络安全相关义务。同时应定期监视、评审和审核服务供应商提供的服务，并对其变更服务内容加以控制。

第八章　网络安全运行和维护管理

第三十八条　网络安全部负责本机构网络安全运行和管理工作。网络安全部应划分不同的管理员角色进行网络和系统的运维管理，明确各个角色的责任和权限。

第三十九条　机房管理人员对机房设备的操作必须严格按照操作程序进行，并在《机房运行日志》中做相应记录。机房内主机等设备的故障维修，必须在《机房运行日志》中做好故障维修登记，若涉及设备送修，须填写《机房设备变更表》。

第四十条　建立机房安全管理制度，对有关机房物理访问，物品带进、带出机房和机房环境安全等方面的管理作出规定；对出入人员进行相应级别的授权，对进入重要安全区域的人员和活动实时监视等。

第四十一条　网络安全部应使用电子表格对机房内设备做好登记，记录现有设备的型号、配置、位置、状态等信息，以便跟踪设备变化，并编制资产清单：

（一）编制并保存与保护对象相关的资产清单，包括资产责任部门、重要程度和所处位置等内容；

（二）根据资产的重要程度对资产进行标识管理，根据资产的价值选择相应的管理措施；

（三）应对信息分类与标识方法作出规定，并对信息的使用、传输和存储等进行规范化管理。

第四十二条　各类介质应存放在安全的环境中，对各类介质进行控制和保护，实行存储环境专人管理，并根据存档介质的目录清单进行定期盘点。对介质在物理传输过程中的人员选择、打包、交付等情况进行控制，并对介质的归档和查询等进行登记记录。

第四十三条　网络安全部应对各种设备（包括备份和冗余设备）、线路等指定专门的部门或人员定期进行维护管理，并建立配套设施、软硬件维护方面的管理制度，对其维护进行有效的管理，包括明确维护人员的责任、涉外维修和服务的审批、维修过程的监督控制等。

第四十四条　确保信息处理设备必须经过审批才能带离机房或办公地点，含有存储介质的设备带出工作环境时，其中重要数据必须加密。

第四十五条　含有存储介质的设备在报废或重用前，应进行完全清除或被安全覆盖，确保该设备上的敏感数据和授权软件无法被恢复重用。

第四十六条　网络安全部应采取必要的措施识别安全漏洞和隐患，对发现的安全漏洞和隐患及时进行修补或评估可能的影响后进行修补，并定期开展安全测评，形成安全测评报告，采取措施应对发现的安全问题。

第四十七条　网络安全部应会同技术部门指定专门人员进行账号管

理，对申请、建立和删除账号等行为进行控制。

第四十八条　网络安全部应会同技术部门处理以下网络安全运行、维护事项：

（一）建立网络和系统安全管理制度，对安全策略、账号管理、配置管理、日志管理、日常操作、升级与打补丁、口令更新周期等方面作出规定；

（二）制定重要设备的配置和操作手册，依据手册对设备进行安全和优化配置；

（三）详细记录运维操作日志，包括日常巡检工作、运行维护记录、参数的设置和修改等内容；

（四）严格控制变更性运维，经过审批后才可改变连接、安装系统组件或调整配置参数，操作过程中应保留不可更改的审计日志，操作结束后应同步更新配置信息库；

（五）严格控制运维工具的使用，经过审批后才可接入进行操作，操作过程中应保留不可更改的审计日志，操作结束后应删除工具中的敏感数据；

（六）严格控制远程运维的开通，经过审批后才可开通远程运维接口或通道，操作过程中应保留不可更改的审计日志，操作结束后立即关闭接口或通道；

（七）确保所有与外部的连接均得到授权和批准，定期检查违反规定无线上网及其他违反网络安全策略的行为。

第四十九条　外来计算机或存储设备接入系统前须进行恶意代码检查，包括防恶意代码软件的授权使用、恶意代码库升级、恶意代码的定期查杀等。

第五十条　网络安全部应定期验证防范恶意代码攻击的技术措施的有效性。

第五十一条　网络安全部应会同技术部门记录和保存系统的基本配置信息，包括网络拓扑结构、各个设备安装的软件组件、软件组件的版本和补丁信息、各个设备或软件组件的配置参数等，并将基本配置信息改变纳入系统变更范畴，实施对配置信息改变的控制，及时更新基本配置信息库。

第五十二条　本机构应使用符合国家密码管理规定的密码技术和产品。

第五十三条　建立变更的申报和审批控制程序。依据程序控制系统所有的变更，记录变更实施过程，变更前根据变更需求制定变更方案，变更方案须经过评审、审批后方可实施，应建立中止变更并从失败变更中恢复的程序，明确过程控制方法和人员职责，必要时对恢复过程进行演练。

第五十四条　根据数据的重要性和数据对系统运行的影响，制定数据的备份和恢复策略等。

第五十五条　识别需要定期备份的重要业务信息、系统数据及软件系统，制定备份信息的备份方式、备份频度、存储介质、保存期等。

第五十六条　选择第三方网络安全运营维护机构应符合国家的有关规定，并与选定的外包运维服务商签订相关的协议，明确约定外包运维的范围、工作内容以及敏感信息的访问、处理、存储要求等，确保选择的外包运维服务商在技术和管理方面均具有按照等级保护要求开展安全运维工作的能力。

第九章　网络安全事件处置程序

第五十七条　网络安全部应制定本机构应急预案框架，并在此框架下制定不同事件的应急预案，包括启动预案的条件、应急处理流程、系统恢复流程、事后教育和培训等内容。

第五十八条　网络安全部应定期对系统相关人员进行应急预案培训，进行应急预案的演练，定期对原有的应急预案重新评估、修订。

第五十九条　网络安全部应制定安全事件报告和处置管理制度，明确不同安全事件的报告、处置和响应流程，规定安全事件的现场处理、事件报告和后期恢复的管理职责等：

（一）在安全事件报告和响应处理过程中，分析和鉴定事件产生的原因，收集证据，记录处理过程，总结经验和教训；

（二）对造成系统中断和造成信息泄漏的重大安全事件应采用不同的处理程序和报告程序。

第十章　沟通和合作

第六十条　本机构应加强与兄弟单位、公安机关、各类供应商、业界专家及安全组织的合作与沟通，建立外联单位联系列表，包括外联单位名称、合作内容、联系人和联系方式等信息，共同促进本机构的网络安全建设。

二、网络与信息安全突发事件应急预案

一、总则

（一）编制目的

网络与信息安全突发事件应急预案的编制目的为提高处置网络与信息安全突发事件的能力，形成科学、有效、反应迅速的应急工作机制，确保重要计算机信息系统的实体安全、运行安全和数据安全，最大限度地减轻网络与信息安全突发事件的危害，确保本组织网络与信息安全，保障公司和员工生命财产的安全，保护公众利益，维护正常的生产办公秩序。

（二）编制依据

根据《中华人民共和国突发事件应对法》《中华人民共和国网络安全法》《国家突发公共事件总体应急预案》《突发事件应急预案管理办法》和《信息安全技术信息安全事件分类分级指南》（GB/Z 20986—2007）等相关规定，制定本预案。

（三）事件分类分级

1. 事件分类

根据网络与信息安全突发公共事件的发生过程、性质和特征，网络与信息安全突发公共事件可划分为网络安全突发事件和信息安全突发事件。网络安全突发事件是指自然灾害、事故灾难和人为破坏引起的网络与信息系统的损坏；信息安全突发事件是指利用信息网络进行有组织的大规模的反动宣传、煽动和渗透等破坏活动。

自然灾害指地震、台风、雷电、火灾、洪水等引起的网络与信息系统的损坏。

事故灾难指电力中断、网络损坏或是软件、硬件设备故障等引起的网络与信息系统的损坏。

人为破坏指人为破坏网络线路、通信设施，黑客攻击、病毒攻击、恐怖袭击等引起的网络与信息系统的损坏。

2. 事件分级

根据网络与信息安全突发公共事件的可控性、严重程度和影响范围，将网络与信息安全突发公共事件分为四级：1 级（特别重大）、2 级（重大）、3 级（较大）、4 级（一般）。

1 级（特别重大）：网络与信息系统发生全局性大规模瘫痪，事态发展超出自己的控制能力，对国家安全、社会秩序、经济建设和公共利益造成特别严重损害的突发公共事件。

2 级（重大）：网络与信息系统发生全局性瘫痪，对国家安全、社会秩序、经济建设和公共利益造成严重损害，需要跨部门协同处置的突发公共事件。

3 级（较大）：某一部分的网络与信息系统瘫痪，对国家安全、社会秩序、经济建设和公共利益造成一定损害，但不需要跨部门、跨地区协同处置的突发公共事件。

4 级（一般）：网络与信息系统受到一定程度的损坏，对公民、法人和其他组织的权益有一定影响，但没有危害国家安全、社会秩序、经济建设和公共利益的突发公共事件。

（四）工作原则

坚持统一领导、分级负责；坚持统一指挥、密切协同、快速反应、科学处置；坚持预防为主，预防与应急相结合；坚持谁主管谁负责，谁运行谁负责，充分发挥各方面力量，共同做好网络安全事件的预防和处置工作。

二、领导机构与职责

成立网络与信息安全应急处置领导小组(以下简称“网安领导小组”)，负责网络与信息安全的预防与安全事件发生后的应急处置的组织、管理与领导工作。领导小组下设办公室，负责处理网络与信息安全的日常具体管理工作。

组　长：

副组长：

成　员：

公室主任：

三、预防预警

(一)信息监测与报告

1. 进一步完善网络与信息安全突发公共事件监测、预测、预警制度。要落实责任制，按照“早发现、早报告、早处置”的原则，加强对各类网络与信息安全突发公共事件和可能引发突发公共事件的有关信息的收集、分析判断和持续监测。当发生网络与信息安全突发公共事件时，按规定及时向网安领导小组负责人、分管领导报告，同时与相关的产品技术支持单位联系，获得必要的技术支持。初次报告最迟不得超过半小时，重大和特别重大的网络与信息安全突发公共事件实行态势进程报告和日报告制度。报告内容主要包括信息来源、影响范围、事件性质、事件发展趋势和采取的措施等。

2. 建立网络与信息安全报告制度。发现下列情况时应及时向网安领导小组负责人、分管领导报告，必要时向公安局报告：

(1)利用网络从事违法犯罪活动；

(2)网络或信息系统通信和资源使用异常，网络和信息系统瘫痪，应用服务中断或数据篡改、丢失等情况；

(3)网络恐怖活动的嫌疑情况和预警信息；

(4)其他影响网络与信息安全的信息。

(二)预警处理与发布

1. 对于可能发生或已经发生的网络与信息安全突发公共事件，立即采取措施控制事态，并在1小时内进行风险评估，判定事件等级。必要时应启动相应的预案，同时向网安领导小组及分管领导通报情况。

2. 网安领导小组接到报警信息后应及时组织有关专家对信息进行技术分析和研判，根据问题的性质、危害程度，提出安全警报级别，并及时向分管领导报告。

3. 分管领导接到报告后，对发生和可能发生1级或2级网络与信息安全突发公共事件的，应迅速召开应急会议，研究确定网络与信息安全突发公共事件的等级，决定启动本预案，同时确定指挥人员，并向相关部门通报。

4. 对需要向公安局通报的，要及时通报，并争取支援。

四、应急响应

(一)先期处置

1. 当发生网络与信息安全突发公共事件时，值班人员应做好先期应急处置工作，立即采取措施控制事态，同时向网安领导小组报告。

2. 网安领导小组在接到网络与信息安全突发公共事件发生或可能发生的信息后，应加强与有关方面的联系，掌握最新发展动态。对3级或4级的突发事件，自行负责应急处置工作，有关情况报分管领导。分管领导在接到发生2级或1级和有可能演变为2级或1级的网络与信息安全突发公共事件时，要组织网安领导小组对处置工作提出建议方案，并做好启动本预案的各项准备工作。还要根据网络与信息安全突发公共事件发展态势，视情况决定赶赴现场指导，组织派遣应急支援力量。

(二)应急处置方法

在安全事故发生时，首先应区分事故发生为自然灾害还是人为破坏。根据这两种情况把应急处置方法分为两个流程：

流程一：当发生的事件为自然灾害时，应根据当时的实际情况，在保障人身安全的前提下，首先保障数据的安全，然后是设备安全。具体方法包括硬盘的拔出与保存，设备的断电与拆卸、搬迁等。

流程二：当人为或病毒破坏的事件发生时，按以下流程进行：判断破坏的来源与性质，断开影响安全与稳定的信息网络设备，断开与破坏来源的网络物理连接，跟踪并锁定破坏来源的IP或其他网络用户信息，修复被破坏的信息，恢复信息系统。按照灾害发生的性质分别采用以下方案：

(1)病毒传播：针对这种现象，首先断开网络连接或及时断开传播源，判断病毒的性质、采用的端口，然后关闭相应的端口，在网上公布病毒攻击信息以及防御方法。

(2)入侵：对于网络入侵，首先断开网络连接，然后判断入侵来源，区分外网与内网。入侵来自外网的，定位入侵的IP地址，及时关闭入侵的端口，限制入侵地IP地址的访问，在无法制止的情况下可以采用断开网络连接的方法，如无法自行解决可请求网络接入运营商的技术支持。入侵来自内网的，查清入侵来源，如IP地址、MAC地址、上网账号等信息，同时断开对应的交换机端口，然后针对入侵方法建设或更新入侵检测设备。

(3)信息被篡改：一经发现马上断开相应的信息上网链接，并尽快进行数据恢复。

(4)网络故障：根据相应的网络故障排除流程尽快解决。

(5)其他没有列出的不确定因素造成的灾害，可根据总的安全原则，结合具体的情况，作出相应的处理。不能处理的可以请求相关的专业部门或人员协助处置。

(三)应急指挥

(1)本预案启动后，网安领导小组要抓紧收集相关信息，掌握现场处置工作状态，分析事件发展态势，研究处置方案，统一指挥网络与信息应急处置工作。

(2)需要成立现场指挥部的，应立即成立指挥部，现场指挥部要根据事件性质迅速组建各类应急工作组，开展应急处置工作。

(四)应急支援

本预案启动后，立即成立由分管领导带队的应急响应先遣小组，督促、指导和协调处置工作。网安领导小组根据事态的发展和处置工作需要，及时增派专家小组，调动必需的物资、设备，支援应急工作。参加现场处置工作的各有关部门和单位在现场指挥部的统一指挥下，协助开展处置行动。

(五)信息处理

(1)各科室、单位应对事件进行动态监测、评估，及时将事件的性质、危害程度和损失情况及处置工作等情况，及时报网安领导小组，不得隐瞒、缓报、谎报。

(2)网安领导小组要明确信息采集、编辑、分析、审核、签发的责任人，做好信息分析、报告和发布工作。要及时编发事件动态信息供领导参阅。要组织专家和有关人员研究、判断各类信息，提出对策，完善应急处置计划方案。

(六)信息发布

(1)当网络与信息安全突发公共事件发生时，应及时做好信息发布工作，通过相关单位发布网络与信息安全突发公共事件预警及应急处置的相关信息，引导舆论和公众行为，增强公众的信心。

(2)要密切关注国内外关于网络与信息安全突发公共事件的新闻报道，及时采取措施，对媒体关于事件以及处置工作的不正确信息，进行澄清并纠正影响，接受群众咨询，释疑解惑，稳定人心。

(七)扩大应急

经应急处置后，事态难以控制或有扩大发展趋势时，应实施扩大应急行动。要迅速召开应急会议或由分管领导根据事态情况，研究采取有利于控制事态的非常措施，确有必要时可向公安局请求支援。

（八）应急结束

网络与信息安全突发公共事件经应急处置后，得到有效控制，事态下降到一定程度或基本得到解决，将各监测统计数据上报网安领导小组，由网安领导小组向分管领导提出应急结束的建议，经批准后实施。

五、后期处置

（一）善后处理

在应急处置工作结束后，要迅速采取措施，抓紧组织抢修受损的基础设施，减少损失，尽快恢复正常工作。统计各种数据，查明原因，对事件造成的损失和影响以及恢复重建能力进行分析评估，认真制定恢复重建计划，并迅速组织实施。有关部门要提供必要的人员和技术、物资和装备以及资金等支持，并将善后处置的有关情况报网安领导小组。

（二）调查评估

在应急处置工作结束后，各相关部门应立即组织有关人员和专家组成事件调查组，对事件发生及其处置过程进行全面的调查，查清事件发生的原因及财产损失情况，总结经验教训，写出调查评估报告，报网安领导小组，并根据问责制的有关规定，对有关责任人员作出处理。特别重大网络与信息安全突发公共事件的调查评估报告，经网安领导小组审核后，报分管领导，必要时采取合理的形式向社会公众通报。

六、保障措施

（一）应急装备保障

重要网络与信息系统在建设系统时应事先预留一定的应急设备，建立信息网络硬件、软件、应急救援设备等应急物资库。在网络与信息安全突发公共事件发生时，由网安领导小组负责统一调用。

（二）数据保障

重要信息系统均应建立异地容灾备份系统和相关工作机制，保证重要数据在受到破坏后，可紧急恢复。各容灾备份系统应具有一定兼容性，在特殊情况下各系统间可互为备份。

（三）应急队伍保障

按照一专多能的要求建立网络信息安全应急保障队伍。由网安领导小组选择若干经国家有关部门资质认可、管理规范、服务能力较强的部门作为网络与信息安全的应急支援单位，提供技术支持与服务。

七、监督管理

（一）宣传教育

要充分利用各种传播媒介及有效的形式，加强网络与信息安全突发公共事件应急和处置的有关法律法规和政策的宣传，开展预防、预警、自救、互救和减灾等知识的宣讲活动，普及应急救援的基本知识，提高公众防范意识和应急处置能力。

要加强对网络与信息安全等方面的知识培训，提高防范意识及技能，指定专人负责安全技术工作。并将网络与信息安全突发公共事件的应急管理、工作流程等列为培训内容，增强应急处置工作的组织能力。

（二）演练

建立应急预案定期演练制度。通过演练，发现应急工作体系和工作机制存在的问题，不断完善应急预案，提高应急处置能力。

2018年1月编制

附件：

（一）网络与信息安全应急处置领导小组人员通讯录

部　门	姓　名	电　话

注：节日期间，做好值班人员的交接工作，同时保证所有机房工作人员及公司相关人员的手机24小时开机，随叫随到。

（二）网络安全合规常用文件、表格清单及示例

A 基础网络安全管理制度		
A1	管理制度	《网络安全管理制度》
A2	制定和发布	《网络安全管理制度发布办法》
B 网络安全管理机构和人员		
B2	授权和审批	《网络安全管理审批-系统变更审批表》
		《网络安全管理审批-系统接入审批表》
		《网络安全管理审批-物理访问审批表》
		《网络安全管理审批-重要操作审批表》
B3	人员录用	《网络安全工作人员录用规程》
		《网络安全工作人员录用背景审查表》
		《网络安全工作人员保密协议》
		《网络安全工作人员岗位责任协议承诺书》
B4	教育和培训	《安全意识教育和技能培训计划表》
B5	人员离岗	《网络安全工作人员离岗表》
		《网络安全工作人员离岗保密承诺书》
B7	审核和检查	《网络安全月度常规检查表》
		《网络安全年度全面安全评估表》
B8	外部人员访问管理	《外部人员访问申请表》
		《外部人员访问备案表》
		《外部人员网络接入申请表》
		《外部人员网络接入备案表》
		《外部授权访问人员保密承诺书》
		《关键区域、关键系统禁止外部人员访问提示》
C 网络安全建设管理		
C1	定级和备案	《安全等级保护-定级记录表》
		《网络安全保护备案表》
		《网络安全产品供应商资质审查表》
		《网络安全服务提供商资质审查表》
		《网络安全产品服务采购-产品安全专项测试记录表》

续表

C5	外包软件开发	《外包软件安全审查测试表》
		《测试验收报告》
		《上线安全性测试表》
C8	系统交付	《系统交付清单》
D 安全运维管理		
D1	环境管理	《机房安全和维护检查表》
		《机房出入登记表》
		《机房出入授权表》
D2	资产管理	《网络安全相关资产清单登记表》
D3	介质管理	《信息存储介质存放记录表》
		《信息存储介质清单》
		《信息存储介质月度盘点记录》
		《信息存储介质查询登记表》
		《信息存储介质使用登记表》
D4	设备维护管理	《网络设备月度维护记录表》
		《信息处理设备带离审批表》
		《信息处理设备报废审核表》
D6	网络和系统安全管理	《账号和密码管理表》
		《重要设备配置记录表》
		《运维操作记录表》
		《变更性运维审核表》
		《运维工具使用审批表》
		《远程运维审核表》
D7	恶意代码防范管理	《恶意代码月度防范记录表》
D9	变更管理	《网络安全相关设备变更申请表》
D10	备份与恢复管理	《数据备份与恢复管理制度》
		《数据备份月度记录表》
D12	应急预案管理	《网络安全事件应急预案》

三、网络安全管理制度制定及发布办法

第一条 为确保本单位网络安全管理制度的科学性、实用性，实现对网络安全管理制度的有效管理，不断完善本单位网络安全管理体系，促进本单位网络安全事项的规范管理，实现本单位网络安全管理的系统化、一体化、流程化、标准化，特制定本办法。

第二条 网络安全管理制度的起草

网络安全管理制度的起草由本单位网络安全工作负责部门提议，在本单位负责人批准同意后，根据实际情况，设立网络安全管理制度起草小组，并由网络安全工作负责部门牵头负责具体起草工作。

第三条 网络安全管理制度草案征求意见

网络安全管理制度草案完成后由网络安全工作负责部门通过电子邮件或者办公系统等方式发送给本单位全体部门征求意见，征求意见时间一般不得超过一个月，且不得少于一周。

第四条 网络安全管理制度草案的修改与讨论

网络安全工作部门负责收集本单位全体部门的反馈意见，所有反馈意见都需要留存记录；意见收集完毕后，由网络安全工作部门组织相关人员进行讨论，修改草案，并形成完整的书面记录。

第五条 网络安全管理制度的审核

网络安全管理制度草案的修订稿完成后，网络安全工作部门将网络安全管理制度文本交由网络安全管理制度起草小组负责人审核。

第六条 网络安全管理制度的签发

网络安全管理制度起草小组负责人审核通过相应文本后，交本单位负责人，由本单位负责人签发。

第七条 网络安全管理制度的备案

网络安全管理制度经过起草、讨论、修改、审核、签发后，所有中间文件和书面记录由网络安全工作负责部门整理后将电子版本和原件交由行政部门存档备案。

第八条　网络安全管理制度的发布

行政部门将全部文件完成备案后，可以通过纸质文本、电子邮件或本单位办公平台向全体员工发布网络安全管理制度。

第九条　网络安全管理制度的执行

网络安全管理制度发布后，由网络安全工作管理部门负责对网络安全管理制度进行解释、培训和指导。

四、网络安全工作人员保密协议

甲方：

地址：

乙方：

身份证号码：

地址：

第一条　乙方承诺应本着谨慎、诚实的态度，采取任何必要、合理的措施，维护其于任职期间知悉或者持有的任何属于甲方或者属于第三方但甲方承诺或负有保密义务的技术秘密或其他秘密信息。

第二条　乙方不得利用甲方网络侵犯国家、社会、集体的利益和公民的合法权益。乙方不得利用甲方提供的电脑和网络系统发送垃圾邮件，攻击其他网络和计算机系统，传播计算机病毒，以及其他危害互联网信息安全的行为。

第三条　乙方通过网络进行信息交流，应当遵守公司保密规定，不得传递、转发或抄送公司保密信息。

第四条　双方同意，乙方在离职之后仍对其在甲方任职期间接触、知悉的属于甲方或者虽属于第三方但系甲方负有保密义务的秘密信息，承担如同任职期间一样的保密义务，直至该秘密信息成为公开信息。

第五条　乙方确认，其因职务上的需要所持有或保管的一切记录着甲方秘密信息的纸质或电子存储介质以及其他任何形式的载体，均归甲方所有，而无论这些秘密信息有无商业价值。

第六条　乙方承诺，应当于离职时，或者于甲方提出请求时，返还全部属于甲方的财物，包括记载着甲方秘密信息的一切载体。若记录着秘密信息的载体是由乙方自备的，则视为乙方已同意将这些载体物的所有权归甲方，甲方应当在乙方返还这些载体时，给予乙方相当于载体本身价值的经济补偿；但秘密信息可以从载体上消除或复制出来时，可以由甲方将秘密信息复制到甲方享有所有权的其他载体上，并把原载体上的秘密信息消除，此种情况下乙方无须将载体返还，甲方也无须给予乙方经济补偿。

第七条　双方确认，乙方的保密义务自乙方知道秘密信息起，到该秘密信息被甲方对社会不特定的公众公开时止。乙方是否在职，不影响保密义务的承担。

第八条　乙方认可甲方在支付乙方报酬时已充分考虑了乙方需承担的保密义务，故甲方无须在乙方离职时再另外支付保密费。

第九条　双方本着平等协商的精神，在签署本协议前已详细审阅过协议的内容，并完全了解协议各条款的法律含义。乙方事先也已经全面了解了甲方的保密制度，甲方的保密制度为本协议的组成部分。

第十条　乙方如违反本协议下的保密义务，应向甲方支付不少于一万元人民币的违约金；如果上述违反保密义务的行为给甲方造成经济上的损失的，乙方还应对甲方的损失承担全部的赔偿责任。

第十一条　本协议适用中华人民共和国法律法规的规定，并在所有方面依其进行解释。由本协议产生的一切争议由双方友好协商解决。协商不成，双方约定本协议纠纷的管辖法院为原告方所在地人民法院。

第十二条　本协议自双方签字盖章之日起生效。正本一式二份，双方各执一份。

甲方：　　　　　　　　　　　　乙方：

日期：　　　　　　　　　　　　日期：

五、网络安全工作人员录用规程

第一条　目的

为规范本单位网络安全工作人员的录用，保证本单位网络安全工作人员的录用在符合本单位需要的同时满足有关法律法规的要求，制定本录用规程。

第二条　适用范围

本规程仅限于网络安全工作人员的录用。

第三条　负责部门

网络安全工作人员的录用由本单位人事部门和网络安全工作部门负责，其中网络安全工作部门负责人员需求计划的提出、拟录用人员的培训、试用与考核等集体管理工作。

第四条　一般要求

除本录用规程明确提出的特别要求外，网络安全工作人员的录用直接适用本单位一般性的录用办法，包括招聘程序、资格审查、面试、笔试、体检等。

第五条　网络安全背景审查

在网络安全工作人员的录用中，需对拟录用人员进行网络安全背景审查，除对拟录用人员的身份、背景、专业资格和资质进行审查外，还需对其有无违法行为记录及其工作品行等进行审查，并留存书面审查记录，拟录用人员需对有关审查情况签字确认。

第六条　网络安全技术技能考核

对拟录用的网络安全技术工作人员，需对其进行工作岗位所必需的技术技能考核，考核基本情况和结果需留存记录。

第七条　网络安全工作人员保密协议

拟录用的网络安全工作人员在入职时需签署网络安全工作人员保密协议。

第八条　网络安全关键岗位人员岗位责任协议

对于拟录用的网络安全关键岗位工作人员，需在入职时签署岗位责任协议。

六、网络安全关键岗位工作人员责任书

为保障网络与信息安全，维护国家安全和社会稳定，保护公民、法人和其他组织的合法权益，本人在从事本单位网络安全工作中，郑重承诺严格履行相关法律义务，承担以下责任：

一、严格遵守《中华人民共和国网络安全法》《全国人民代表大会常务委员会关于维护互联网安全的决定》《互联网信息服务管理办法》等有关规定，履行本单位的网络安全管理义务。

二、定期接受网络安全技术和法律培训，不断提高执业道德水准、安全意识和技术技能，规范操作行为，不得擅自超越权限，严禁违规操作。

三、严格遵守各项保密规定、管理制度，履行本人应承担的保密职责。

四、对关键岗位所使用的用户名和密码，以及所掌握的其他用户的用户名和密码，严禁以任何形式向其他人泄露，并定期修改密码。

五、建立和完善网络安全技术措施，定期进行安全风险分析与系统漏洞测试，防止病毒传播和被非法控制为网络攻击的跳板，适时对软硬件进行升级，确保系统安全可靠运行。

六、不制作、复制、发布、传播法律法规禁止性信息，自觉遵守法律规范，认真履行社会责任。

七、对信息系统、网络设备的配置信息、配置参数、安全机制、安全策略、访问途径、访问控制机制、系统补丁等信息，应当保守秘密，严禁向其他人员泄露。

八、不得在不加保密措施的情况下，通过互联网传输、发布和接收关键业务信息，对于涉密信息要严格按照法律法规的规定进行处理。

九、对可能或已经发生的网络安全事件，保留有关原始记录，并在

24小时内向本单位负责人汇报。

十、对关键岗位所涉及的网络用户，要加强教育，严格管理。

十一、遵守本单位的网络安全管理制度，确保不泄露用户个人资料。

十二、在关键岗位工作离岗前，承诺将所持有的所有技术资料、保密信息等原件和复制件全部交还本单位，并保证不留存记录上述信息的任何书面、电子或其他形式的载体。

十三、本人承诺如违反前述规定，将依法承担相应责任。

关键岗位工作人员(签字)：

年　　月　　日

编号：

七、保密承诺书(适用网络安全工作离岗人员)

姓　　　　名：________________________

部门及职务：________________________

涉 密 等 级：________________________

脱 密 期 限：________________________

我已被告知各项保密制度，知悉应当承担的保密义务和法律责任。本人庄重承诺：

一、严格遵守国家网络和信息安全的法律、法规和规章制度，履行保密义务。

二、不以任何方式泄露所接触和知悉的网络和信息安全的秘密。

三、已全部清退不应由个人持有的各类网络和信息安全的载体。

四、未经原单位审查批准，不擅自发表涉及原单位未公开工作内容的文章、著述。

五、在脱密期间，保证不受聘、受雇于境外及境外驻华机构、组织、企业、人员或为其提供信息咨询服务；不参加非法组织或非法活动以及其他违反保密规定的行为。

六、在脱密期间，本人因私出境须依照保密规定和程序申报，未经批准不擅自出境。

七、自愿接受脱密期管理，自______年____月____日至________年____月____日服从有关部门的保密监督。

八、自愿如实提供联系方式，联系电话______________，常住地址__________________________________。如有变动及时告知原单位。

九、违反上述承诺，自愿承担党纪、政纪和法律后果。

本离岗保密承诺书一式三份，单位网络安全工作机构(组织)、人事部门和承诺人各留存一份，自签字之日起生效。

上述所有条款本人已仔细阅读，明白无误，无任何异议。

承诺人(签名)：

身份证号码：□□□□□□□□□□□□□□□□□□

年　　月　　日

八、关键区域、关键系统禁止外部人员访问提示

提示：

本区域为网络安全关键区域或涉及关键系统，外部人员如需访问请填写访问申请。未获得网络安全管理部门授权者禁止访问本区域！

九、外部授权访问人员保密承诺书

我已被告知各项网络保密管理制度，知悉应当承担的涉密网络保密管理义务和法律责任。本人郑重承诺：

一、认真遵守国家保密法律、法规和规章制度，遵守保密纪律，履行保密义务。

二、不访问、下载、存储、传输和知悉范围以外的国家秘密。

三、未经批准不得将计算机、存储设备等信息设备接入涉密网络。

四、不扫描或者监测涉密网络的网络基础设施、安全保密设施以及应用系统等。

五、不将涉密信息设备接入非涉密网络。

六、在未采取符合保密要求的防护措施的情况下，不在涉密网络和非涉密网络之间进行信息交换。

七、不擅自安装软件程序或者卸载、修改涉密网络的安全技术程序、管理程序。

八、不存储、处理、传输高于网络或者信息设备密级的信息。

九、不将未经安全技术处理的退出使用的涉密信息设备赠送、出售、丢弃或者改作其他用途。

十、不以任何方式泄露涉密网络使用中所接触和知悉的国家秘密。

十一、未经保密审查，不在互联网及其他公共信息网络上发布工作相关信息。

如违反上述承诺，自愿承担一切法律后果。

承诺人签名：　　　　　　　　　　　　　年　　月　　日

十、测试验收报告

外包项目名称：

文件标识	
当前版本	
作者	
完成日期	

版本历史

版本/状态	作者	参与者	起止日期	备注

1. 基本信息

<table>
<tr><td>外包项目名称</td><td colspan="2"></td></tr>
<tr><td>验收方(甲方)</td><td colspan="2"></td></tr>
<tr><td>承包方(乙方)</td><td colspan="2"></td></tr>
<tr><td>合同</td><td colspan="2"></td></tr>
<tr><td>甲方验收人员</td><td>角色</td><td>职责</td></tr>
<tr><td></td><td></td><td></td></tr>
<tr><td></td><td></td><td></td></tr>
<tr><td>乙方协助人员</td><td>角色</td><td>职责</td></tr>
<tr><td></td><td></td><td></td></tr>
<tr><td></td><td></td><td></td></tr>
</table>

2. 成果审查报告

应交付成果的名称、版本	甲方验收人员 乙方协助人员	时间 地点	审查 结论

3. 验收测试报告

<table>
<tr><td>验收测试范围</td><td colspan="2"></td></tr>
<tr><td>验收测试方法</td><td colspan="2"></td></tr>
<tr><td>验收测试环境</td><td colspan="2"></td></tr>
<tr><td>测试辅助工具</td><td colspan="2"></td></tr>
<tr><td>测试用例名称／ID</td><td>测试人员、时间</td><td>测试结果</td></tr>
<tr><td></td><td></td><td></td></tr>
<tr><td></td><td></td><td></td></tr>
<tr><td></td><td></td><td></td></tr>
<tr><td></td><td></td><td></td></tr>
<tr><td></td><td></td><td></td></tr>
<tr><td></td><td></td><td></td></tr>
</table>

4. 问题处理

提示：如果甲方发现工作成果中存在缺陷，双方应当视问题的严重程度给出合适的处理措施：(1) 如果工作成果存在严重缺陷，则退回给乙方。乙方应当给出纠正缺陷的措施，双方协商第二次验收的时间。乙方应当赔偿给甲方造成的损失。(2) 如果工作成果存在一些轻微的缺陷，则乙方应当给出纠正缺陷的措施，双方协商是否需要第二次验收。

<table>
<tr><th>问题</th><th>处理措施</th></tr>
<tr><td></td><td></td></tr>
<tr><td></td><td></td></tr>
<tr><td colspan="2">甲方负责人签字</td></tr>
<tr><td colspan="2"></td></tr>
<tr><td colspan="2">乙方负责人签字</td></tr>
<tr><td colspan="2"></td></tr>
</table>

5. 交付签字

提示：

(1) 当待验收的所有工作成果都通过审查和测试后，乙方将其交付给甲方。

(2) 双方的责任人签字认可。

第三节　网络安全合规常用表格

一、网络安全管理制度发布签发单

制度名称	《________________公司网络安全管理制度》
完成时间	
起草小组成员	
网络安全工作负责部门意见	部门负责人：　　　年　　月　　日
起草小组负责人意见	负责人：　　　年　　月　　日
签发人(公司负责人)意见	公司负责人：　　　年　　月　　日

注：此签发单在公司负责人签字同意签发后，由网络安全工作负责部门交由行政部门存档备案。

二、网络安全管理审批-系统变更审批表

编号：

<table>
<tr><td colspan="4">变更申请</td></tr>
<tr><td>公司名称</td><td></td><td>申请人部门</td><td></td></tr>
<tr><td>申请人名称</td><td></td><td>申请日期</td><td></td></tr>
<tr><td>变更类型</td><td colspan="3">□修改系统配置选项
□补丁程序升级
□数据库操作
□修改源程序
□变更服务器
其他：</td></tr>
<tr><td rowspan="4">系统名称</td><td colspan="3">操作系统(服务器名称：__________)</td></tr>
<tr><td colspan="3">数据库(服务器名称：__________)</td></tr>
<tr><td colspan="3">服务器名称：________　　服务器型号：</td></tr>
<tr><td colspan="3">应用系统(服务器名称：__________)</td></tr>
<tr><td>需求描述</td><td colspan="3"></td></tr>
<tr><td colspan="4">变更审批</td></tr>
<tr><td>公司名称</td><td></td><td>申请人部门</td><td></td></tr>
<tr><td>申请人名称</td><td></td><td>申请日期</td><td></td></tr>
<tr><td>审批意见</td><td colspan="3">□批准
□不批准，原因：</td></tr>
<tr><td>审批人签字</td><td colspan="3">签名：
使用邮件审批：</td></tr>
</table>

注意：如果使用邮件审批，须先将此表填写完毕，将审批邮件打印并附在申请表后。

三、网络安全管理审批-系统接入审批表

编号：

接入申请			
申请人名称		申请日期	
申请人职位		联系方式	
接入服务器名称（或 IP）		连接数	
接入系统描述			
如果有特殊要求请填写			
接入审批			
审批部门		审批日期	
审批意见	批准 不批准，原因：		
审批人签字	签名： 使用邮件审批：		

注意：如果使用邮件审批，须先将此表填写完毕，将审批邮件打印并附在申请表后。

四、网络安全管理审批-物理访问审批表

编号：

<table>
<tr><td colspan="4">访问申请</td></tr>
<tr><td>申请人名称</td><td></td><td>日期</td><td></td></tr>
<tr><td>申请人职位</td><td></td><td>联系电话</td><td></td></tr>
<tr><td rowspan="4">访问人信息</td><td>名称</td><td colspan="2"></td></tr>
<tr><td>职位</td><td colspan="2"></td></tr>
<tr><td>目的</td><td colspan="2"></td></tr>
<tr><td>联系方式</td><td colspan="2"></td></tr>
<tr><td>访问权限选择</td><td colspan="3">□ 中心机房　□ 开发办公室　□ 运行监控室　□ 会议室
□ 其他＿＿＿＿＿＿＿＿＿＿</td></tr>
<tr><td colspan="4">访问审批</td></tr>
<tr><td>审批部门</td><td></td><td>审批日期</td><td></td></tr>
<tr><td>审批意见</td><td colspan="3">□批准
□不批准，原因：</td></tr>
<tr><td>审批人签字</td><td colspan="3">签名：
使用邮件审批：</td></tr>
</table>

注意：如果使用邮件审批，须先将此表填写完毕，将审批邮件打印并附在申请表后。

五、网络安全管理审批-重要操作审批表

编号：

<table>
<tr><td colspan="4">重要操作申请</td></tr>
<tr><td>申请事项</td><td></td><td>申请人部门</td><td></td></tr>
<tr><td>申请人</td><td></td><td>申请日期</td><td></td></tr>
<tr><td rowspan="3">申请操作事项</td><td colspan="3">申请操作事项描述：</td></tr>
<tr><td colspan="3">申请操作事项预期结果：</td></tr>
<tr><td colspan="3">申请操作事项可能产生的问题：</td></tr>
<tr><td rowspan="3">预防措施</td><td colspan="3">解决方案：</td></tr>
<tr><td colspan="3">所需准备：</td></tr>
<tr><td colspan="3">实施人员及分工：</td></tr>
<tr><td colspan="4">重要操作审批</td></tr>
<tr><td>审批部门</td><td></td><td>审批日期</td><td></td></tr>
<tr><td>审批意见</td><td colspan="3">□批准
□不批准，原因：</td></tr>
<tr><td>审批人签字</td><td colspan="3">签名：
使用邮件审批：</td></tr>
</table>

注意：如果使用邮件审批，须先将此表填写完毕，将审批邮件打印并附在申请表后。

六、网络安全工作人员录用背景审查表

姓名：　　　　　　　　　　　　拟招聘部门：　　　　　　　　拟聘用职位：

项目	调查内容	调查结果		备注
个人身份信息	1. 本人身份是否真实	真	假	
	2. 受教育情况查证	真	假	
	3. 专业资格、资质	真	假	
任职记录调查	1. 曾有严重渎职行为	是	否	
	2. 曾有品行不良被开除记录	是	否	
	3. 曾有网络安全违法处罚记录	是	否	
	4. 此前供职单位是否出具品行证明	是	否	
	5. 离职原因			
犯罪背景调查	1. 曾有赌博行为	是	否	
	2. 曾有吸毒经历	是	否	
	3. 曾触犯刑法被判刑	是	否	
	4. 曾参加一些国家法律所不允许的组织、党派（如法轮功、“台独”势力、疆独、藏独）	是	否	
	5. 曾被公安机关拘留	是	否	
异常记录				

调查日期：　　　　　　　　　　　　　　　　　　　　被调查人签名：

备注：1. 此表用于网络安全人员录用的背景审核；2. 调查人应对调查内容保密，不得泄露资料来源，不得将调查结果告知被调查人；3. 为充分尊重和保护员工隐私权及人权，此调查表仅供人力资源部门存档；4. 如因管理需要，第三方需调用此表格材料，须经人力资源部主管批准。

七、安全意识教育和技能培训计划表

<table>
<tr><td>时间</td><td></td><td>主题</td><td></td></tr>
<tr><td>方式</td><td></td><td>地点</td><td></td></tr>
<tr><td>对象</td><td></td><td>主培人员</td><td></td></tr>
<tr><td>教育培训目的</td><td colspan="3"></td></tr>
<tr><td rowspan="4">外联单位</td><td>名称</td><td colspan="2"></td></tr>
<tr><td>合作内容</td><td colspan="2"></td></tr>
<tr><td>联系人</td><td colspan="2"></td></tr>
<tr><td>联系方式</td><td colspan="2"></td></tr>
<tr><td>备注</td><td colspan="3"></td></tr>
</table>

八、网络安全工作人员离岗表

<table>
<tr><td>姓　　名</td><td></td><td>性别</td><td></td><td>民族</td><td></td><td rowspan="4">照片</td></tr>
<tr><td>出生年月</td><td colspan="2"></td><td colspan="2">文化程度</td><td></td></tr>
<tr><td>籍　　贯</td><td colspan="2"></td><td colspan="2">政治面貌</td><td></td></tr>
<tr><td>工作时间</td><td></td><td>工号</td><td colspan="3"></td></tr>
<tr><td>身份证号</td><td colspan="5"></td><td>脱密期</td><td></td></tr>
<tr><td>行政职务</td><td></td><td>技术职称</td><td></td><td>岗位密级</td><td colspan="3"></td></tr>
<tr><td colspan="8">从事具体业务工作及涉密程度：</td></tr>
<tr><td colspan="8">离岗原因及去向：</td></tr>
<tr><td colspan="8">涉密载体、设备清理情况：
1. 清理移交涉密文件资料　　份　　页，电子文档　　份；（附目录清单）
2. 清理移交涉密计算机　　台，便携式计算机　台，移动硬盘　件，U盘　个；
3. 清理移交实物　　件。
监督人：</td></tr>
<tr><td colspan="8">离岗保密承诺：
本人保证，此次清理移交资料、实物真实完整，未进行复制，无任何藏匿或隐瞒。离岗后本人将严格履行保密责任，不泄露相关秘密。如有违反，愿接受单位有关保密规定的处罚，直至承担法律责任。
承诺人：　　　　　　年　　月　　日</td></tr>
</table>

续表

所在单位 审核意见	（公 章） 签　名：　　　　　　年　　月　　日
人事处 审核意见	（公 章） 签　名：　　　　　　年　　月　　日
保密办 审核意见	（公 章） 签　名：　　　　　　年　　月　　日
人事主管领导 审批意见	签　名：　　　　　　年　　月　　日
备　注	

注：人员离岗应及时终止离岗员工的所有访问权限，取回各种身份证件、钥匙、徽章等以及机构提供的软硬件设备。

九、网络安全月度常规检查表

<table>
<tr><td colspan="6">一、网络安全机构和人员</td></tr>
<tr><td colspan="2">网络安全工作主管领导</td><td>姓名</td><td></td><td>职务</td><td></td></tr>
<tr><td colspan="2" rowspan="2">网络安全专职机构</td><td>机构名称</td><td></td><td>机构级别</td><td></td></tr>
<tr><td>主要职责</td><td colspan="3"></td></tr>
<tr><td colspan="2" rowspan="2">网络安全专职机构负责人</td><td>姓名</td><td></td><td>职务</td><td></td></tr>
<tr><td>办公电话</td><td></td><td>联系电话</td><td></td></tr>
<tr><td colspan="2">专职网络安全管理人员数量</td><td colspan="4"></td></tr>
<tr><td colspan="2">专职网络安全技术人员数量</td><td colspan="4"></td></tr>
<tr><td colspan="6">二、日常管理情况</td></tr>
<tr><td rowspan="4">人员管理</td><td colspan="2">岗位网络安全责任制度</td><td colspan="3">□已建立　□未建立</td></tr>
<tr><td colspan="2">重点岗位人员安全保密协议</td><td colspan="3">□全部签订　□部分签订　□均未签订</td></tr>
<tr><td colspan="2">人员离岗离职安全管理规定</td><td colspan="3">□已制定　□未制定</td></tr>
<tr><td colspan="2">外部人员访问审批制度</td><td colspan="3">□已建立覆盖全部区域
□覆盖重要区域　□未建立</td></tr>
<tr><td rowspan="6">资产管理</td><td rowspan="2">资产管理
责任部门</td><td>部门名称</td><td></td><td>部门级别</td><td></td></tr>
<tr><td>主要职责</td><td colspan="3"></td></tr>
<tr><td>资产管理
责任制度</td><td colspan="4">□已建立　□未建立</td></tr>
<tr><td>资产清查</td><td>清查时间</td><td></td><td>清查范围</td><td></td></tr>
<tr><td rowspan="2">资产维修维护
和报废管理</td><td>管理制度</td><td colspan="3">□已建立　□未建立</td></tr>
<tr><td>记录情况</td><td colspan="3">□记录完整 □记录不完整</td></tr>
<tr><td></td><td colspan="2">企业级网络安全规划</td><td colspan="3">□已制定　□未制定</td></tr>
</table>

续表

<table>
<tr><td colspan="5">三、用户个人电子信息和数据安全保护情况</td></tr>
<tr><td rowspan="3">用户个人电子信息保护</td><td>管理制度</td><td colspan="3">□已建立用户信息保护制度　□未建立用户信息保护制度</td></tr>
<tr><td>管理措施</td><td colspan="3">□授权管理　□安全审计　□金库模式　□其他</td></tr>
<tr><td>技术手段</td><td colspan="3">□数据防泄露产品　□数据防篡改产品
□数据模糊化　□数据加密产品　□其他</td></tr>
<tr><td rowspan="17">数据安全</td><td>管理制度</td><td colspan="3">□已建立数据安全保护制度　□未建立数据安全保护制度</td></tr>
<tr><td>责任部门</td><td colspan="3"></td></tr>
<tr><td rowspan="2">数据存储情况</td><td>存储地点</td><td colspan="2">□全部境内存储　□部分境内存储
□全部境外存储</td></tr>
<tr><td>存储模式</td><td colspan="2">□未集中存储　□省级集中存储
□全国集中存储</td></tr>
<tr><td rowspan="3">数据安全专项评估</td><td>评估机构</td><td colspan="2"></td></tr>
<tr><td>评估时间</td><td colspan="2"></td></tr>
<tr><td>评估结果</td><td colspan="2"></td></tr>
<tr><td rowspan="10">外包服务中的数据保护情况</td><td colspan="2">外包服务总量</td><td></td></tr>
<tr><td rowspan="8">外包服务机构情况</td><td>机构名称</td><td></td></tr>
<tr><td>机构类型</td><td>□系统开发企业　□第三方机构　□安全企业　□其他：</td></tr>
<tr><td>机构性质</td><td></td></tr>
<tr><td>服务类型</td><td>□系统研发　□系统集成
□运行维护
□安全检测　□安全加固
□应急支持
□数据存储　□灾难备份
□其他：</td></tr>
<tr><td>服务方式</td><td>□远程　□现场</td></tr>
<tr><td>数据安全条款或协议</td><td>□已签订
□未签订</td></tr>
<tr><td>涉及合作相关的数据泄露责任归属情况</td><td>□已明确
□未明确</td></tr>
<tr><td colspan="3"></td></tr>
<tr><td colspan="3">（如有多个外包服务机构，每个机构需单独填写，可在电子版中扩充）</td></tr>
</table>

续表

<table>
<tr><td rowspan="14">数据安全</td><td colspan="2">合作总数量</td><td colspan="2"></td></tr>
<tr><td rowspan="12">数据共享合作机构情况（包含开发共享、大数据分析挖掘、增值服务等）</td><td>机构名称</td><td colspan="2"></td></tr>
<tr><td>机构类型</td><td colspan="2"></td></tr>
<tr><td>机构性质</td><td colspan="2">□国有企业□民营企业□外资企业</td></tr>
<tr><td>机构资质</td><td colspan="2"></td></tr>
<tr><td>合作内容</td><td colspan="2"></td></tr>
<tr><td rowspan="3">共享合作涉及的数据信息</td><td>数据类型</td><td></td></tr>
<tr><td>数据规模</td><td></td></tr>
<tr><td>其他补充信息</td><td></td></tr>
<tr><td colspan="2">数据安全条款或者协议</td><td>□已签订
□未签订</td></tr>
<tr><td colspan="2">合作机构数据保护水平评估情况</td><td>□已进行评估
□未进行评估</td></tr>
<tr><td colspan="2">涉及合作相关的数据泄露责任归属情况</td><td>□已明确
□未明确</td></tr>
<tr><td colspan="2">数据共享合作是否征求主管部门意见</td><td>□已征求意见，同意合作
□已征求意见，不同意合作
□未征求意见</td></tr>
<tr><td colspan="4">（如有多个数据共享合作机构，每个机构需单独填写，可在电子版中扩充）</td></tr>
</table>

<table>
<tr><td colspan="7">四、信息技术产品服务使用情况</td></tr>
<tr><td colspan="2">信息技术产品/类别</td><td>总数量</td><td>国内品牌数量</td><td>开发或维护机构</td><td>本月新增设备数量</td><td>本月新增国产设备数量</td></tr>
<tr><td rowspan="3">网络设备</td><td>高端路由器</td><td></td><td></td><td></td><td></td><td></td></tr>
<tr><td>中低端路由器</td><td></td><td></td><td></td><td></td><td></td></tr>
<tr><td>WLAN 设备</td><td></td><td></td><td></td><td></td><td></td></tr>
<tr><td rowspan="3">服务器</td><td>大型机</td><td></td><td></td><td></td><td></td><td></td></tr>
<tr><td>小型机</td><td></td><td></td><td></td><td></td><td></td></tr>
<tr><td>PC 服务器</td><td></td><td></td><td></td><td></td><td></td></tr>
</table>

续表

存储设备	磁带库					
	磁盘阵列					
安全设备	防火墙					
	防病毒设备					
	入侵检测设备					
	入侵防御设备					
	安全审计设备					
	堡垒机					
	流量清洗设备					
	安全工具类设备					
通用软件	操作系统					
	数据库					
	中间件					
	虚拟化软件					
	防病毒软件					
	文字处理类软件					
	密码设备					
	加密设备					
	密码设备管理中心					
邮件系统	类别	系统品牌	使用用户数量	开发机构名称及资质	运维机构名称	运维机构资质
	内部邮件系统					
	（如有多个邮件系统，每个邮件系统需单独填写，可在电子版中扩充）					

安全平台	类别	平台名称	开发厂商	上线时间	部署范围	运维机构名称	运维机构资质
	网络安全管理类						
	网络安全监测类						
	网络安全防御类						
	（如有多个安全平台，每个安全平台需单独填写，可在电子版中扩充）						

续表

五、符合性评测、风险评估与整改情况				
符合性评测	评测时间		覆盖范围	
	评测机构	□本单位 □第三方机构 机构名称	符合性评测结果、整改情况或者整改计划向备案机构报送	□已报送 □未报送
风险评估	评估时间		覆盖范围	
	评估机构	□本单位 □第三方机构 机构名称	安全风险评估结果、隐患处理情况或者处理计划向备案机构报送	□已报送 □未报送
其他安全检查	（检查机构、检查成效等）			
安全隐患整改	未进行整改的情况说明			
	重大网络安全漏洞整改说明			
六、网络安全应急工作情况				
应急预案	□已制定　□未制定	本月修订情况	□已修订　□未修订	
应急演练	本月演练次数		文档记录	□有记录　□无记录
应急技术队伍	内部团队人数			
	外部机构名称		外部团队人数	
灾难备份	灾备工作负责部门			
	进行系统级灾备的系统数量			
	仅对数据进行灾备的系统数量			
	无灾备的系统数量			

十、网络安全年度全面安全检查表

<table>
<tr><td colspan="5">一、网络安全机构和人员</td></tr>
<tr><td>网络安全工作主管领导</td><td>姓名</td><td></td><td>职务</td><td></td></tr>
<tr><td rowspan="2">网络安全专职机构</td><td>机构名称</td><td></td><td>机构级别</td><td></td></tr>
<tr><td>主要职责</td><td colspan="3"></td></tr>
<tr><td rowspan="2">网络安全专职机构负责人</td><td>姓名</td><td></td><td>职务</td><td></td></tr>
<tr><td>办公电话</td><td></td><td>联系电话</td><td></td></tr>
<tr><td></td><td colspan="4"></td></tr>
<tr><td>专职网络安全管理人员数量</td><td colspan="4"></td></tr>
<tr><td>专职网络安全技术人员数量</td><td colspan="4"></td></tr>
<tr><td>业务相关安全人员数量</td><td colspan="4"></td></tr>
<tr><td>安全人员资质情况</td><td colspan="4"></td></tr>
<tr><td>获奖情况及激励措施</td><td colspan="4"></td></tr>
</table>

<table>
<tr><td colspan="6">二、日常管理情况</td></tr>
<tr><td rowspan="4">人员管理</td><td colspan="2">岗位网络安全责任制度</td><td colspan="3">☐已建立　☐未建立</td></tr>
<tr><td colspan="2">重点岗位人员安全保密协议</td><td colspan="3">☐全部签订　☐部分签订　☐均未签订</td></tr>
<tr><td colspan="2">人员离岗离职安全管理规定</td><td colspan="3">☐已制定　☐未制定</td></tr>
<tr><td colspan="2">外部人员访问审批制度</td><td colspan="3">☐已建立覆盖全部区域
☐覆盖重要区域　☐未建立</td></tr>
<tr><td rowspan="6">资产管理</td><td rowspan="2">资产管理责任部门</td><td>部门名称</td><td></td><td>部门级别</td><td></td></tr>
<tr><td>主要职责</td><td colspan="3"></td></tr>
<tr><td>资产管理责任制度</td><td colspan="4">☐已建立　☐未建立</td></tr>
<tr><td>资产清查</td><td>清查时间</td><td></td><td>清查范围</td><td></td></tr>
<tr><td rowspan="2">资产维修维护和报废管理</td><td>管理制度</td><td colspan="3">☐已建立　☐未建立</td></tr>
<tr><td>记录情况</td><td colspan="3">☐记录完整 ☐记录不完整</td></tr>
<tr><td></td><td colspan="2">企业级网络安全规划</td><td colspan="3">☐已制定　☐未制定</td></tr>
</table>

续表

<table>
<tr><td colspan="6">三、用户个人电子信息和数据安全保护情况</td></tr>
<tr><td rowspan="3">用户个人电子信息保护</td><td>管理制度</td><td colspan="4">□已建立用户信息保护制度
□未建立用户信息保护制度</td></tr>
<tr><td>管理措施</td><td colspan="4">□授权管理 □安全审计 □金库模式 □其他</td></tr>
<tr><td>技术手段</td><td colspan="4">□数据防泄露产品 □数据防篡改产品
□数据模糊化 □数据加密产品 □其他</td></tr>
<tr><td rowspan="16">数据安全</td><td>管理制度</td><td colspan="4">□已建立数据安全保护制度
□未建立数据安全保护制度</td></tr>
<tr><td>责任部门</td><td colspan="4"></td></tr>
<tr><td rowspan="2">数据存储情况</td><td>存储地点</td><td colspan="3">□全部境内存储 □部分境内存储
□全部境外存储</td></tr>
<tr><td>存储模式</td><td colspan="3">□未集中存储 □省级集中存储
□全国集中存储</td></tr>
<tr><td rowspan="3">数据安全专项评估</td><td>评估机构</td><td colspan="3"></td></tr>
<tr><td>评估时间</td><td colspan="3"></td></tr>
<tr><td>评估结果</td><td colspan="3"></td></tr>
<tr><td rowspan="9">外包服务中的数据保护情况</td><td colspan="2">外包服务总量</td><td colspan="2"></td></tr>
<tr><td rowspan="7">外包服务机构情况</td><td>机构名称</td><td colspan="2"></td></tr>
<tr><td>机构类型</td><td colspan="2">□系统开发企业 □第三方机构 □安全企业 □其他</td></tr>
<tr><td>机构性质</td><td colspan="2"></td></tr>
<tr><td>服务类型</td><td colspan="2">□系统研发 □系统集成
□运行维护
□安全检测 □安全加固
□应急支持
□数据存储 □灾难备份
□其他</td></tr>
<tr><td>服务方式</td><td colspan="2">□远程 □现场</td></tr>
<tr><td colspan="2">数据安全条款或协议</td><td>□已签订
□未签订</td></tr>
<tr><td colspan="2">涉及合作相关的数据泄露责任归属情况</td><td>□已明确
□未明确</td></tr>
<tr><td colspan="4">（如有多个外包服务机构，每个机构需单独填写，可在电子版中扩充）</td></tr>
</table>

续表

数据安全	合作总数量			
	数据共享合作机构情况（包含开发共享、大数据分析挖掘、增值服务等）	机构名称		
		机构类型		
		机构性质		□国有企业□民营企业□外资企业
		机构资质		
		合作内容		
		共享合作涉及的数据信息	数据类型	
			数据规模	
			其他补充信息	
		数据安全条款或者协议		□已签订 □未签订
		合作机构数据保护水平评估情况		□已进行评估 □未进行评估
		涉及合作相关的数据泄露责任归属情况		□已明确 □未明确
		数据共享合作是否征求主管部门意见		□已征求意见，同意合作 □已征求意见，不同意合作 □未征求意见
	（如有多个数据共享合作机构，每个机构需单独填写，可在电子版中扩充）			

四、信息技术产品服务使用情况						
信息技术产品/类别		总数量	国内品牌数量	开发或维护机构	上年度新增设备数量	上年度新增国产设备数量
网络设备	高端路由器					
	中低端路由器					
	WLAN 设备					
服务器	大型机					
	小型机					
	PC 服务器					

续表

存储设备	磁带库					
	磁盘阵列					
安全设备	防火墙					
	防病毒设备					
	入侵检测设备					
	入侵防御设备					
	安全审计设备					
	堡垒机					
	流量清洗设备					
	安全工具类设备					
通用软件	操作系统					
	数据库					
	中间件					
	虚拟化软件					
	防病毒软件					
	文字处理类软件					
	密码设备					
	加密设备					
	密码设备管理中心					

邮件系统	类别	系统品牌	使用用户数量	开发机构名称及资质	运维机构名称	运维机构资质
	内部邮件系统					
	（如有多个邮件系统，每个邮件系统需单独填写，可在电子版中扩充）					

安全平台	类别	平台名称	开发厂商	上线时间	部署范围	运维机构名称	运维机构资质
	网络安全管理类						
	网络安全监测类						
	网络安全防御类						
	（如有多个安全平台，每个安全平台需单独填写，可在电子版中扩充）						

续表

五、网络安全经费投入情况			
上一年度网络安全预算总额		上一年度网络安全实际投入总额	
本年度安全软硬件产品投入预算总额		本年度安全平台建设投入预算总额	
本年度安全服务投入预算总额		本年度其他安全投入预算总额	
本年度信息化建设总预算		本年度网络安全投入预算占信息化建设比例	

六、网络安全教育培训情况	
培训计划	□已制定年度网络安全培训计划 □未制定年度网络安全培训计划
培训次数	本年度开展网络安全教育培训的次数：________
培训人数	本年度开展网络安全教育培训的人数：________，占本企业总人数的比例：________%

七、网络安全三同步情况			
类别	名称	数量	落实保障措施的业务系统比例
本年度新上线的业务系统			
本年度在建的业务系统			
本年度已验收的业务系统			

续表

<table>
<tr><td colspan="5">八、网络与系统定级备案情况</td></tr>
<tr><td colspan="2">网络与系统总数量</td><td></td><td>四级网络与系统数量</td><td></td></tr>
<tr><td colspan="2">三级网络与系统数量</td><td></td><td>未定级网络与系统数量</td><td></td></tr>
<tr><td colspan="2">本年度新增网络与系统数量</td><td></td><td>本年度变更备案信息的
网络与系统数量</td><td></td></tr>
<tr><td colspan="5">九、符合性评测、风险评估与整改情况</td></tr>
<tr><td rowspan="3">符合性
评测</td><td>评测时间</td><td></td><td>覆盖范围</td><td></td></tr>
<tr><td colspan="3">本年度网络划分与级别调整的通信网络单元评测情况</td><td>□已评测
□未评测</td></tr>
<tr><td>评测机构</td><td>□本单位
□第三方机构
机构名称</td><td>符合性评测结果、整改情况或者整改计划向备案机构报送</td><td>□已报送
□未报送</td></tr>
<tr><td rowspan="2">风险
评估</td><td>评估时间</td><td></td><td>覆盖范围</td><td></td></tr>
<tr><td>评估机构</td><td>□本单位
□第三方机构
机构名称</td><td>安全风险评估结果、隐患处理情况或者处理计划向备案机构报送</td><td>□已报送
□未报送</td></tr>
<tr><td>其他安
全检查</td><td colspan="4">（检查机构、检查成效等）</td></tr>
<tr><td rowspan="3">安全隐
患整改</td><td colspan="2">上年度网络安全防护检查发现
隐患的整改比例</td><td colspan="2"></td></tr>
<tr><td colspan="2">未进行整改的情况说明</td><td colspan="2"></td></tr>
<tr><td colspan="2">重大网络安全漏洞整改说明</td><td colspan="2"></td></tr>
</table>

续表

<table>
<tr><td colspan="7">十、网络安全应急工作情况</td></tr>
<tr><td>应急预案</td><td colspan="2">□已制定　□未制定</td><td colspan="2">本年度修订情况</td><td colspan="2">□已修订　□未修订</td></tr>
<tr><td>应急演练</td><td colspan="2">年度演练次数</td><td></td><td>文档记录</td><td colspan="2">□有记录　□无记录</td></tr>
<tr><td rowspan="2">应急技术队伍</td><td colspan="2">内部团队人数</td><td colspan="4"></td></tr>
<tr><td colspan="2">外部机构名称</td><td></td><td>外部团队人数</td><td colspan="2"></td></tr>
<tr><td rowspan="4">灾难备份</td><td colspan="4">灾备工作负责部门</td><td colspan="2"></td></tr>
<tr><td colspan="4">进行系统级灾备的系统数量</td><td colspan="2"></td></tr>
<tr><td colspan="4">仅对数据进行灾备的系统数量</td><td colspan="2"></td></tr>
<tr><td colspan="4">无灾备的系统数量</td><td colspan="2"></td></tr>
<tr><td colspan="7">十一、本年度网络安全事件情况</td></tr>
<tr><td></td><td></td><td colspan="2">发生次数</td><td>上报比例</td><td colspan="2">处置比例</td></tr>
<tr><td rowspan="4">网络安全事件情况</td><td>特别重大安全事件</td><td colspan="2"></td><td></td><td colspan="2"></td></tr>
<tr><td>重大安全事件</td><td colspan="2"></td><td></td><td colspan="2"></td></tr>
<tr><td>较大安全事件</td><td colspan="2"></td><td></td><td colspan="2"></td></tr>
<tr><td>一般安全事件</td><td colspan="2"></td><td></td><td colspan="2"></td></tr>
</table>

十一、外部人员访问申请表

编号：

<table>
<tr><td colspan="4">访问申请表</td></tr>
<tr><td>申请人</td><td></td><td>申请日期</td><td></td></tr>
<tr><td>申请人职称</td><td></td><td>联系方式</td><td></td></tr>
<tr><td rowspan="4">访问人信息</td><td>名称</td><td colspan="2"></td></tr>
<tr><td>职位</td><td colspan="2"></td></tr>
<tr><td>目的</td><td colspan="2"></td></tr>
<tr><td>联系方式</td><td colspan="2"></td></tr>
<tr><td>访问时间段</td><td colspan="3"></td></tr>
<tr><td>访问地点</td><td colspan="3"></td></tr>
<tr><td>访问事由</td><td colspan="3"></td></tr>
<tr><td colspan="4">访问审批</td></tr>
<tr><td>审批部门</td><td></td><td>审批日期</td><td></td></tr>
<tr><td>审批意见</td><td colspan="3">□批准
□不批准，原因：</td></tr>
<tr><td>审批人签字</td><td colspan="3">签名：
使用邮件审批：</td></tr>
</table>

注意：如果使用邮件审批，须先将此表填写完毕，将审批邮件打印并附在申请表后。

十二、外部人员访问登记表

日期	访问部门	访问人员	访问事由	陪同人员	起止时间

十三、外部人员网络接入申请表

编号：

<table>
<tr><td colspan="4">网络接入申请表</td></tr>
<tr><td>申请人名称</td><td></td><td>申请日期</td><td></td></tr>
<tr><td>申请人职位</td><td></td><td>联系方式</td><td></td></tr>
<tr><td rowspan="4">使用人信息</td><td>名称</td><td colspan="2"></td></tr>
<tr><td>职位</td><td colspan="2">☐正式员工　　☐实习生
☐第三方人员　☐其他</td></tr>
<tr><td>接入目的</td><td colspan="2"></td></tr>
<tr><td>联系方式</td><td colspan="2"></td></tr>
<tr><td rowspan="5">接入权限</td><td>访问账号</td><td colspan="2"></td></tr>
<tr><td>访问权限</td><td colspan="2"></td></tr>
<tr><td>访问时间</td><td colspan="2"></td></tr>
<tr><td>IP 地址</td><td colspan="2"></td></tr>
<tr><td>机器类型及编号</td><td colspan="2">类型：
☐台式电脑　☐笔记本电脑　☐U 盘
☐服务器　☐其他
编号：</td></tr>
<tr><td>保密承诺</td><td colspan="3">☐已签署《外部授权访问人员保密协议》。
☐未签署，原因：</td></tr>
<tr><td colspan="4">网络接入审核</td></tr>
<tr><td>审批部门</td><td></td><td>审批日期</td><td></td></tr>
<tr><td>审核人意见</td><td colspan="3">签名：
日期：</td></tr>
</table>

十四、外部人员网络接入备案表

日期	接入人员	接入事由	接入起止时间	清除权限时间

十五、安全等级定级记录表

<table>
<tr><td rowspan="6">业务信息安全保护等级</td><td>损害客体及损害程度</td><td>级别</td></tr>
<tr><td>仅对公民、法人和其他组织的合法权益造成损害</td><td>第一级(　)</td></tr>
<tr><td>对公民、法人和其他组织的合法权益造成严重损害
对社会秩序和公共利益造成损害</td><td>第二级(　)</td></tr>
<tr><td>对社会秩序和公共利益造成严重损害
对国家安全造成损害</td><td>第三级(　)</td></tr>
<tr><td>对社会秩序和公共利益造成特别严重损害
对国家安全造成严重损害</td><td>第四级(　)</td></tr>
<tr><td>对国家安全造成特别严重损害</td><td>第五级(　)</td></tr>
<tr><td rowspan="5">系统服务安全保护等级</td><td>仅对公民、法人和其他组织的合法权益造成损害</td><td>第一级(　)</td></tr>
<tr><td>对公民、法人和其他组织的合法权益造成严重损害
对社会秩序和公共利益造成损害</td><td>第二级(　)</td></tr>
<tr><td>对社会秩序和公共利益造成严重损害
对国家安全造成损害</td><td>第三级(　)</td></tr>
<tr><td>对社会秩序和公共利益造成特别严重损害
对国家安全造成严重损害</td><td>第四级(　)</td></tr>
<tr><td>对国家安全造成特别严重损害</td><td>第五级(　)</td></tr>
<tr><td>安全保护等级</td><td colspan="2">第一级(　) 第二级(　) 第三级(　) 第四级(　)
第五级(　)</td></tr>
<tr><td>定级时间</td><td colspan="2">年　　月　　日</td></tr>
<tr><td>专家评审情况</td><td colspan="2">已评审(　)　　　　未评审(　)</td></tr>
<tr><td>是否有主管部门</td><td colspan="2">有(　)　　　　无(　)(如选择有请填下两项)</td></tr>
<tr><td>主管部门名称</td><td colspan="2"></td></tr>
<tr><td>主管部门审批定级情况</td><td colspan="2">已审批(　)　　　　未审批(　)</td></tr>
<tr><td>系统定级报告</td><td colspan="2">有(　)　　　　无(　)　　　　附件名称________</td></tr>
<tr><td>填表人：</td><td colspan="2">填表日期：　　年　　月　　日</td></tr>
</table>

十六、网络安全产品供应商资质审查表

采购项目：　　　　　　　　　　　　　　　　　　采购部门：

<table>
<tr><td>供应单位名称</td><td></td><td>法人代表</td><td></td></tr>
<tr><td>联系人</td><td></td><td>联系电话</td><td></td></tr>
<tr><td>公司性质</td><td colspan="3">□生产商、制造商　　　　□代理商、授权经销商</td></tr>
<tr><td>主营范围</td><td colspan="3"></td></tr>
<tr><td rowspan="4">一般资质审查项目</td><td colspan="2">1. 组织机构代码</td><td>□有　□无
证号：
有效期至：</td></tr>
<tr><td colspan="2">2. 生产许可证(设备制造商)</td><td>□有　□无
证号：
有效期至：</td></tr>
<tr><td colspan="2">3. 厂家授权书(代理类厂商)</td><td>□有　□无
证号：
有效期至：</td></tr>
<tr><td colspan="2">4. 上述资料的电子版</td><td>□有　□无</td></tr>
<tr><td rowspan="5">安全资质审查项目</td><td colspan="2">1. 信息安全产品资质</td><td>□有　□无
证号：
有效期至：</td></tr>
<tr><td colspan="2">2. 密码产品资质</td><td>□有　□无
证号：
有效期至：</td></tr>
<tr><td colspan="2">3. 是否通过网络安全认证</td><td>□有　□无
证号：
有效期至：</td></tr>
<tr><td colspan="2">4. 供应单位是否签署保密协议</td><td>□有　□无</td></tr>
<tr><td colspan="2">5. 供应单位是否签署安全承诺书</td><td>□有　□无</td></tr>
<tr><td>资格审查
小组意见</td><td colspan="3">资格审查小组负责人签字：　　　　　　日期：</td></tr>
<tr><td>安全负责人
审查意见</td><td colspan="3">安全负责人签名：　　　　　　日期：</td></tr>
</table>

十七、网络安全服务提供商资质审查表

采购项目：　　　　　　　　　　采购部门：　　　　　编号：

<table>
<tr><td>供应单位名称</td><td></td><td>法人代表</td><td></td></tr>
<tr><td>联系人</td><td></td><td>联系电话</td><td></td></tr>
<tr><td>公司性质</td><td colspan="3">□生产商、制造商　　　　□代理商、授权经销商</td></tr>
<tr><td>主营范围</td><td colspan="3"></td></tr>
<tr><td rowspan="6">审查项目</td><td colspan="2">1. 组织机构代码</td><td>□有　　□无
证号：
有效期至：</td></tr>
<tr><td colspan="2">2. 信息安全产品资质</td><td>□有　　□无
证号：
有效期至：</td></tr>
<tr><td colspan="2">3. 密码产品资质</td><td>□有　　□无
证号：
有效期至：</td></tr>
<tr><td colspan="2">4. 是否通过网络安全认证</td><td>□有　　□无
证号：
有效期至：</td></tr>
<tr><td colspan="2">5. 供应单位是否签署保密协议</td><td>□有　　□无</td></tr>
<tr><td colspan="2">6. 供应单位是否签署安全承诺书</td><td>□有　　□无</td></tr>
<tr><td>资格审查
小组意见</td><td colspan="3">资格审查小组负责人签字：
日期：</td></tr>
<tr><td>安全负责人
审查意见</td><td colspan="3">安全负责人签名：
日期：</td></tr>
</table>

十八、网络安全产品服务采购-产品安全专项测试记录表

<table>
<tr><td colspan="4">选型测试</td></tr>
<tr><td>公司名称</td><td></td><td>测试部门</td><td></td></tr>
<tr><td>测试人名称</td><td></td><td>测试日期</td><td></td></tr>
<tr><td>测试结果</td><td colspan="3"></td></tr>
<tr><td>测试意见</td><td colspan="3">测试人签字：　　　　日期：</td></tr>
<tr><td colspan="4">安全等级测试</td></tr>
<tr><td>公司名称</td><td></td><td>评估部门</td><td></td></tr>
<tr><td>评估人名称</td><td></td><td>评估日期</td><td></td></tr>
<tr><td>安全等级</td><td colspan="3"></td></tr>
<tr><td>安全评估意见</td><td colspan="3">评估人签字：
日期：</td></tr>
</table>

十九、外包软件安全审查测试表

软件编号		软件名称	
委托单位		开发单位	
测试人员		责任人	
软件质量检测评估记录(包括是否存在恶意代码、后门及相关隐蔽信道)			
备注			

注：需要求开发单位提供外包软件使用指南。

二十、上线安全性测试表

软件编号		软件名称	
测试人员		责任人	
系统安全性及其测试方法			
代码安全性测试			
Web 安全性测试			
系统功能安全性测试			
数据安全性测试			
网络和通信安全性测试			
备注			

二十一、系统交付清单

<table>
<tr><td colspan="3">验收人：　　　　　　　　　　　　验收日期：</td><td></td></tr>
<tr><td colspan="3">系统名称：</td><td>验收结果
（“√”为合格）</td></tr>
<tr><td rowspan="15">系统验收测试</td><td>功能</td><td>所有功能是否完善</td><td></td></tr>
<tr><td>性能</td><td>系统响应速度</td><td></td></tr>
<tr><td rowspan="4">需求规格说明书</td><td>1. 模块功能描述</td><td></td></tr>
<tr><td>2. 数据词典</td><td></td></tr>
<tr><td>3. 界面设计</td><td></td></tr>
<tr><td>4. 软硬件接口描述</td><td></td></tr>
<tr><td rowspan="7">概要设计说明书</td><td>1. 逻辑结构图</td><td></td></tr>
<tr><td>2. 系统关键流程用导图</td><td></td></tr>
<tr><td>3. 类和接口设计和功能描述</td><td></td></tr>
<tr><td>4. 数据库表结构</td><td></td></tr>
<tr><td>5. 系统接口</td><td></td></tr>
<tr><td>6. 逻辑结构和接口无性能缺陷</td><td></td></tr>
<tr><td>7. 包层次结构清晰</td><td></td></tr>
<tr><td rowspan="2">详细设计说明书</td><td>1. 函数体定义、功能、参数和返回值描述</td><td></td></tr>
<tr><td>2. 数据库 pdm</td><td></td></tr>
</table>

续表

系统名称：			验收结果（“√”为合格）
源程序	源代码	1. 类、函数体定义和设计文档相符	
		2. 类、方法、变量等命名规范，体现含义	
		3. 代码注释清晰、完整，语言规范	
		4. 代码质量高	
		5. 冗余代码少	
	安装光盘	内容完整	
测试文档	测试用例	1. 覆盖全部需求	
		2. 测试数据完整	
		3. 语言表述准确	
	测试报告	1. 测试环境、测试工具和测试方法	
		2. 功能和性能测试结果	
用户使用文档	使用手册	1. 运行环境	
		2. 功能描述	
		3. 操作指南	
		4. 运维及故障处理办法	
		5. 语言表述清晰	
	安装手册	1. 运行环境	
		2. 系统软件安装步骤和截图	
		3. 应用软件安装步骤和截图	

二十二、机房安全和维护检查表

______年______月______日

一、机房环境

检查项	结论	情况摘要	检查项	结论	情况摘要
温度	□正常　□异常		湿度	□正常□异常	
门禁	□正常　□异常		供电	□正常□异常	
异响	□有 □无				

二、周边设备

检查项	结论	情况摘要	检查项	结论	情况摘要
UPS	□正常　□异常		电池组	□正常　□异常	
空调	□正常　□异常		消防	□正常　□异常	

三、网络设备

名称	检查项	结论	情况摘要
网络交换机	数据指示灯状况	□正常　□异常	
	网络通讯状况	□正常　□异常	
	交换机端口及网线状况	□正常　□异常	

四、服务器

	检查项	操作提示/正常值	结论	情况摘要
整体检查	硬件故障	查看服务器设备故障灯	□正常　□异常	

五、大楼安防

检查项	结论	情况摘要	检查项	结论	情况摘要
主机	□正常　□异常		硬盘	□正常□异常	
录像	□正常　□异常		供电	□正常□异常	
摄像头	□有 □无				

二十三、机房出入登记表

来访人员填写						陪同人员填写	
日期	来访人姓名	工作部门	进入时间	进入机房事由	离开时间	陪同人姓名	备注
注意事项	1. 外来人员进入机房务必登记，全程务必有人陪同，陪同人员需对本次来访负责； 2. 进入机房务必注意机房卫生，严禁拍照，严禁吸烟； 3. 严禁触碰与工作无关的各种按钮，严禁危及机房安全的行为； 4. 机房内有电子监控装置全程监控，请对自己的行为负责。						

二十四、机房出入授权表

<table>
<tr><td rowspan="3">授权人基本信息</td><td>工号</td><td></td></tr>
<tr><td>部门</td><td></td></tr>
<tr><td>姓名</td><td></td></tr>
<tr><td rowspan="4">被授权人基本信息</td><td>有效证件号码</td><td></td></tr>
<tr><td>姓名</td><td></td></tr>
<tr><td>联系电话</td><td></td></tr>
<tr><td>备注</td><td></td></tr>
<tr><td>授权事项</td><td colspan="2">□维护　　□进设备　　□出设备　　□其他</td></tr>
<tr><td>授权内容</td><td colspan="2"></td></tr>
<tr><td>授权机房编号</td><td colspan="2"></td></tr>
<tr><td>授权时段</td><td colspan="2"></td></tr>
<tr><td colspan="3">签字(盖章)：
日期：</td></tr>
</table>

二十五、网络安全相关资产清单登记表

1. 服务器资产清单

序号				
资产编号				
服务器名称				
服务器位置				
制造商/型号				
序列号				
IP 地址				
主机名				
应用软件				
操作系统及版本				
数据库及版本				
厂商				
使用年限				
重要程度	重要□ 一般□	重要□ 一般□	重要□ 一般□	重要□ 一般□
责任主体				
备注				

重要程度界定：根据网络安全系统的重要程度，以及服务器资产在受到损害后对整个系统的影响程度，判定服务器资产的重要程度。

2. 网络设备和安全设备资产清单

序号				
资产编号				
设备名称				
制造商/型号				
序列号				
IP 地址				
用户/账号				
设备位置				
厂商				
重要程度	重要□ 一般□	重要□ 一般□	重要□ 一般□	重要□ 一般□
责任主体				
备注				

重要程度界定：根据网络安全系统的重要程度，以及网络设备和安全设备资产在受到损害后对整个系统的影响程度，判定网络设备和安全设备资产的重要程度。

3. 软件资产清单

序号				
资产名称				
类型				
版本				
序列号/许可证号				
存放位置				
技术支持联系人/联系电话				
厂商				
使用年限				
重要程度	重要□ 一般□	重要□ 一般□	重要□ 一般□	重要□ 一般□
责任人				
备注				

重要程度界定：根据网络安全系统的重要程度，以及软件资产在受到损害后对整个系统的影响程度，判定软件资产的重要程度。若只对个人或局部造成影响的为一般资产，例如个人终端使用的软件；若对一定网络和应用造成影响的为重要资产，例如邮件系统。

二十六、信息存储介质存放记录表

登记编号	介质编号	介质类型	存放位置	责任主体	存储容量/内容	存放日期	备注

介质类型：光盘、软盘、磁带、移动硬盘、U 盘及其他。

二十七、信息存储介质清单

编号	重要程度	存储内容	存放地点	存放状态

二十八、信息存储介质月度盘点记录

编号	重要程度	存储内容	存放地点	登记状态	盘点状态

二十九、信息存储介质查询登记表

查询编号	查询主体	介质编号	查询内容	责任主体	查询日期	备注

三十、信息存储介质外借归还登记表

外借编号	介质编号	借用人	借用时间	归还人	归还时间	借用目的	责任人	备注

介质类型：光盘、软盘、磁带、移动硬盘、U 盘及其他。

三十一、设备月度维护记录表

月份	设备编号	设备名称	维护内容	维护费用	负责人	备注

介质类型：光盘、软盘、磁带、移动硬盘、U 盘及其他。

三十二、信息处理设备报废审核表

设备编号		设备名称	
规格型号		规定使用年限	
已使用年限		审核人	
备注			
报废原因： 报废申请人(签字或盖章)： 申请日期：			
审批部门(盖章)：	审核人签字：	审核日期：	

三十三、信息处理设备带离审批表

设备编号		设备名称	
带离日期		带离人	
目的地		责任人	
带回日期		备注	

申请原因：

申请人(签字或盖章)：

申请日期：

审批部门(盖章)：	负责人签字：	审批日期：

三十四、账号和密码管理表

序号	账号	密码	使用人	权限	所属部门	备注

三十五、重要设备配置记录表

设备编号		设备名称	
规格型号		设备管理员	
部署位置		配置时间	
备注			
配置记录			

三十六、运维操作记录表

1. 日常巡检记录表

序号	巡检日期	巡检人	巡检对象	巡检内容	检查结果	备注

2. 运行维护记录表

维护日期		维护人	
维护内容(包括参数设置和修改内容等)			
故障排除情况(如有故障)			
维护后设备运行情况			
维护成本			
备注			

三十七、变更性运维审核表

变更审核表编号			
申请日期			
变更描述			
变更负责人		联系电话	
可能受影响的系统和服务			
变更原因			
变更实施起止时间			
变更步骤和相关脚本			
回退实施条件和回退步骤	回退实施条件：		
	回退步骤：		

续表

用户通知	发送范围	
	发送时间	
运维配合要求		
技术部门 审核意见	签字或盖章： 日期：	
系统管理员 审核意见	签字或盖章： 日期：	
运维经理/总监 审核意见	签字或盖章： 日期：	
业务部门审核意见	签字或盖章： 日期：	
审核结论		
备注		

三十八、运维工具使用审批表

<table>
<tr><td>运维编号</td><td colspan="3"></td></tr>
<tr><td>申请日期</td><td colspan="3"></td></tr>
<tr><td>运维描述</td><td colspan="3"></td></tr>
<tr><td>运维负责人</td><td></td><td>联系电话</td><td></td></tr>
<tr><td>运维工具
使用说明</td><td colspan="3"></td></tr>
<tr><td>技术部门
审核意见</td><td colspan="3">签字或盖章：
日期：</td></tr>
<tr><td>运维经理/总监
审核意见</td><td colspan="3">签字或盖章：
日期：</td></tr>
<tr><td>审核结论</td><td colspan="3"></td></tr>
<tr><td>备注</td><td colspan="3"></td></tr>
</table>

注：运维操作结束后应删除工具中的敏感数据。

三十九、远程运维审核表

运维编号			
申请日期			
运维描述			
运维负责人		联系电话	
远程运维接口或通道开通说明			
技术部门 审核意见			签字或盖章： 日期：
运维经理/总监 审核意见			签字或盖章： 日期：
审核结论			
备注			

注：运维操作结束后应立即关闭远程运维接口或通道。

四十、恶意代码月度防范记录表

防范日期	防范方法	防范结果	防范人员	备注

四十一、网络安全相关设备变更申请表

申请编号		申请日期	
原设备编号		原设备名称	
变更设备编号		变更设备名称	
变更负责人		联系方式	
变更原因			
变更方案			
可能受影响的系统和服务			
变更实施起止时间			
中止变更操作和恢复变更步骤	中止变更操作说明：		
	恢复变更步骤：		
是否已对恢复过程进行演练			
网络安全相关部门审核意见	签字或盖章： 日期：		
备注			

四十二、数据备份月度记录表

编号	文件名	备份方式	备份路径	备份频度	保存期	存储介质	操作人	备注

第五章 《网络安全法》案例评析

第一节 个人信息保护

一、支付宝因发布年度账单未尽个人信息保护义务受罚①

（1）基本案情：2018年伊始，支付宝推出年度账单回顾，并在年度账单的首页左下方利用小字体、接近背景色和默认勾选同意，让相当多的用户在不知情的情况下“被同意”接受芝麻信用。签署这份极易被用户忽略的《芝麻服务协议》，意味着芝麻信用可以向第三方提供用户的个人信息。芝麻信用还可以对用户的全部信息进行分析，并将分析结果推送给合作机构。针对该事件，2018年1月6日，国家互联网信息办公室网络安全协调局约谈了支付宝（中国）网络技术有限公司、芝麻信用管理有限公司的有关负责人。网络安全协调局负责人指出，支付宝、芝麻信用收集、使用个人信息的方式，不符合刚刚发布的《个人信息安全规范》国家标准的精神，违背了其前不久签署的《个人信息保护倡议》的承诺，依据《网络安全法》第22条第3款、第64条第1款的规定，依法要求支付宝、芝麻信用本着充分保障用户知情权和选择权的原则，立即进行整改，切实采取有效措施，防止类似事件再次发生。

① 案例来源：中国网信网，2018年1月1日。

（2）案例评析：《网络安全法》第22条第3款规定，“网络产品、服务具有收集用户信息功能的，其提供者应当向用户明示并取得同意；涉及用户个人信息的，还应当遵守本法和有关法律、行政法规关于个人信息保护的规定”。根据该规定，支付宝、芝麻信用在收集用户个人信息时，应当先向用户明示并取得同意，并且在收集时必须严格遵守相关法律、行政法规关于个人信息保护的规定。

大数据时代的来临让每个人变得“透明”，生活中的位置信息、消费习惯、人际交往等许多数据，都在被有意无意地采集，然而，长期以来，网络运营者在提供产品和服务时，普遍存在隐私条款笼统不清，不主动向用户展示隐私条款，征求用户授权同意时仅通过默认勾选、“一揽子”打包授权等形式，或者像“支付宝式勾选”一样，不明显提醒用户。值得强调的是，用户个人信息涉及每个用户的个人隐私，甚至关乎用户个人的人身安全，倘若用户个人信息遭泄露并被不法分子利用，那么将会造成严重的后果。因此，网络产品、服务提供者在收集用户个人信息时应给予足够的重视，建立并完善相应的个人信息收集制度，严格遵守国家相应的法律法规规定，共同营造一个能够安全合法收集用户个人信息的网络环境。

二、南京某装饰工程有限公司法定代表人侵犯公民个人信息①

（1）基本案情：南京某装饰工程有限公司法定代表人王某某为拓展公司在徐州地区的业务，花费3000余元从网上购买徐州多个小区业主个人信息共计3946条。后王某某将购得的业主信息分发给员工用以推销装修装饰业务。2019年4月，徐州警方依据《网络安全法》第44条、第64条规定，对王某某处以十万元的罚款。

（2）案例评析：《网络安全法》第44条规定：“任何个人和组织不得窃取或者以其他非法方式获取个人信息，不得非法出售或者非法向他人

① 案例来源：“江苏网警”公众号。

提供个人信息。”有关服务提供者在收集个人信息的时候应当遵守《网络安全法》第41条的规定，经被收集者同意。本案中，王某某从网上购买个人信息显然违反第41条的规定，属于以非法方式获取个人信息。同时，其向他人提供个人信息时，应当经被收集者同意。未经个人同意，将个人信息提供给他人的，都构成非法提供个人信息的行为。

三、苏州同程艺龙因个人信息收集、使用存在问题被约谈①

(1)基本案情：2018年12月3日，工信部网络安全管理局对苏州同程艺龙针对互联网企业对个人信息收集、使用存在的问题进行了约谈，指出其微信小程序存在未公示用户个人信息使用的规则、默认开通12306畅行会员协议、为履行部分服务承诺的问题，要求其本着充分保护用户知情权和选择权的原则立即进行整改，切实维护用户合法权益，此外还要求深圳市腾讯计算机系统有限公司对所分发的应用小程序加强管理。

(2)案例评析：《网络安全法》第41条规定：“网络运营者收集、使用个人信息，应当遵循合法、正当、必要的原则，公开收集、使用规则，明示收集、使用信息的目的、方式和范围，并经被收集者同意。”因此，网络运营者应当遵循公开透明的原则，在收集、使用个人信息前应当明示其收集、使用的规则以及收集、使用个人信息的目的、方式和范围，确保个人信息主体的知情权。

第二节 网络信息发布管理

一、腾讯、新浪、百度未尽信息发布管理义务受罚②

(1)基本案情：2017年8月11日，广东省网信办对腾讯公司微信

① 案例来源：中华人民共和国工业和信息化部网站，2018年12月4日。
② 案例来源：搜狐网，2017年9月26日。

公众号平台存在用户传播暴力恐怖、虚假信息、淫秽色情等危害国家安全、公共安全、社会秩序的问题依法展开立案调查。与此同时，北京市网信办就新浪微博存在用户发布传播“淫秽色情信息，宣扬民族仇恨信息及相关评论信息”以及百度贴吧存在用户发布传播“淫秽色情信息、暴力恐怖信息帖文及相关评论信息”的问题展开立案调查。经查，三家互联网巨头对用户发布的有关法律法规禁止发布的信息未尽到管理义务，其行为违反《网络安全法》第 47 条之规定。根据《网络安全法》第 68 条第 1 款的规定，广东省网信办对腾讯作出最高罚款 50 万元的处罚决定；北京市网信办对新浪作出最高罚款 50 万元的处罚决定，对百度作出从重处罚的处罚决定，同时，两地网信办要求上述三家互联网公司针对违法问题进行深入整改，切实履行平台管理的主体责任，规范平台信息服务，对发布违法和不良信息的用户账号坚决依法处置。

(2)案例评述：《网络安全法》第 47 条规定，“网络运营者应当加强对其用户发布的信息的管理”。上述三家互联网公司没有尽到对各自平台用户发布的不良信息进行监管的义务，导致大量不良信息在网络上传播、扩散，不仅对公众造成了严重的不良影响，还使得各自的网络平台在一定程度上破坏了用户体验，于无形中削弱了各自网络平台的竞争力，不利于平台自身的发展。因此，互联网企业应该高度重视网络信息内容管理，建立健全并严格落实信息发布管理制度，加大投入，对不良信息进行全面清理，以实际行动使网络空间文明起来，同时也可以使互联网公司自身顺应时代发展潮流，在法律的保护下谋求更长久的发展，为互联网公司实现跨越式发展奠定坚实的制度基础。

二、“美拍”传播涉未成年人低俗不良信息①

(1)基本案情：2018 年 6 月 1 日，针对“美拍”网络直播短视频平台传播涉未成年人低俗不良信息的问题，国家网信办会同广电总局、文化

① 案例来源：新京报网，2018 年 6 月 3 日。

和旅游部、属地网信办依法依规联合约谈“美拍”相关负责人，依据《网络安全法》第47条，对“美拍”提出严肃批评，责令全面整改。

（2）案例评述：《网络安全法》第47条规定，“网络运营者应当加强对其用户发布的信息的管理，发现法律、行政法规禁止发布或者传输的信息的，应当立即停止传输该信息，采取消除等处置措施，防止信息扩散，保存有关记录，并向有关主管部门报告”。“美拍”作为短视频平台的运营者应当对其平台上发布的信息具有管理义务。由于“美拍”未尽信息发布管理义务而导致在其平台上出现传播涉未成年人低俗不良信息的问题。网络运营者作为用户发布信息的平台，应当履行法律规定的义务，建立用户发布信息管理制度，加强对其用户发布的公开信息的管理，对法律、行政法规禁止发布或者传输的信息，应当依法采取必要的处置措施，包括：①立即停止传输该信息，阻止违法信息通过其所提供的网络服务传播给他人；②采取消除等处置措施，防止信息扩散，减小违法信息的影响和危害；③保存有关记录，为依法追究信息发布者的责任提供依据；④根据违法信息的内容和性质，向有关主管部门报告。

除了上述案例，在网络中还存在很多网络运营者未尽信息发布管理义务的案例。其中包括：① 2018年2月12日，贵州省互联网信息办公室会同有关部门依法关闭了10家传播淫秽色情、非法博彩等信息的违法违规网站；② 2018年4月27日，上海市网信办会同上海市通信管理局因“上海爆料城”网站违规发布大量时政类新闻信息，传播虚假不实信息，严重扰乱互联网信息传播秩序，而依法注销其网站备案，停止网站接入并将其域名列入黑名单，停止域名解析；③ 2018年5月12日，国家互联网信息办公室对传播低俗庸俗、荒诞惊悚等不良视频的温州“快视频”平台作出了主频道内容停止更新15天，App无限期下架等处罚；④ 2018年7月25日，北京市网信办、市公安局对脉脉匿名板块发布谣言侮辱诽谤他人的情况责令脉脉限期关闭匿名发布信息功能，加强用户管理、全面整改；⑤ 2018年10月15日，北京市网信办针对360doc个人图书馆未能有效履行平台监管责任而导致平台上长期大量存在严重违法违规信息约谈360doc个人图书馆的主要负责人，并责令其立即开展专项整治，进行全面整改，整治期间网站停止服务。

第三节 网络安全等级保护制度

一、河南某公司未健全网络安全管理制度受到处罚①

（1）基本案情：2018年4月10日，河南某公司存在Weblogic反序列漏洞，可致大量公民个人信息泄露，并且该公司未经用户同意违法违规收集、留存大量公民个人信息，未采取技术措施和其他必要措施确保相关公民个人信息安全，未按规定留存相关的网络日志不少于6个月。根据《网络安全法》之规定，依法对该公司罚款5万元，对直接责任人董某罚款1万元。

（2）案例评析：《网络安全法》第21条第3款规定："采取监测、记录网络运行状态、网络安全事件的技术措施，并按照规定留存相关的网络日志不少于六个月。"网络日志是对网络信息系统的用户访问、运行状态、系统维护等情况的记录，对于追溯非法操作、未经授权的访问，并维护网络安全以及调查网络违法犯罪活动具有重要作用。同时，考虑到网络日志的种类众多，具体留存哪些日志需要根据维护网络安全的实际情况来定。因此，网络运营者应当重视根据法律的规定留存相关的网络日志不少于6个月。

二、当阳某信息网络公司因网络管理漏洞被罚②

（1）基本案情：2017年8月25日，当阳警方对当阳某网络信息公司进行检查时，发现该公司未对整个网络采取检测、记录网络运行状

① 案例来源："安在"公众号。
② 案例来源："宜昌发布"公众号，2017年9月16日。

态、网络安全事件的技术措施，且未按规定留存相关网络日志不少于 6 个月。警方当场对该公司下达责令限期整改通知书，并报告上级公安机关和相关部门，对该公司进行进一步审查。经调查取证，自 2008 年以来，该网络信息公司从某通信公司租用网络 IP 地址后，将 IP 地址分配给多个单位使用，不认真履行网络安全监管义务，造成网络管理和使用混乱。2017 年 9 月 14 日，当阳警方依据《网络安全法》第 21 条、第 59 条第 1 款的规定，依法对该信息网络公司给予警告处罚，现场对该公司法人予以训诫并责令整改。

(2)案例评述：《网络安全法》第 21 条规定，“网络运营者应当按照网络安全等级保护制度的要求”，“采取监测、记录网络运行状态、网络安全事件的技术措施，并按照规定留存相关的网络日志不少于 6 个月”。根据该规定，该网络信息公司从某通信公司租用网络 IP 地址后，将 IP 地址分配给多个单位使用的行为造成了网络管理和使用的混乱，严重违反了该法的相关规定。《网络安全法》于 2017 年 6 月 1 日正式施行，作为我国第一部全面规范网络空间安全管理的基础性法律，该法的实施标志着我国网络安全从此有法可依，网络空间治理、网络信息传播秩序规范、网络犯罪惩治等翻开了崭新的一页，对保障我国网络安全、维护国家总体安全具有深远而重大的意义。网络运营者应积极遵守该法的相关规定，与此同时也可以加强网络运营者自身应对风险的能力，为企业的发展保驾护航。

三、某县图书馆未采取技术措施导致网站遭到黑客攻击被处罚①

(1)基本案情：2018 年 1 月 12 日，某县图书馆网站遭到黑客攻击，致使网页被篡改。事件发生后，该省公安厅网安总队立即指导市公安局网安部门开展被攻击网站处置恢复工作，并启动调查程序。经查，某县图书馆未采取防范计算机病毒和网络攻击、网络侵入等危害网络安全行

① 案例来源：“平安封丘”公众号，2018 年 2 月 2 日。

为的技术措施，致使网站遭到攻击。1月13日，某县公安局依据《网络安全法》第59条第1款之规定，对某县图书馆给予罚款2万元，对直接责任人海某给予罚款5000元的行政处罚；并建议依法依规追究相关人员责任。1月13日，某县文化广电旅游局经研究决定，给予负责网络安全工作的直接责任人海某行政警告处分。

（2）案例评析：《网络安全法》第21条第2款规定："国家实行网络安全等级保护制度。网络运营者应当按照网络安全等级保护制度的要求，履行下列安全保护义务，保障网络免受干扰、破坏或者未经授权的访问，防止网络数据泄露或者被窃取、篡改：……（二）采取防范计算机病毒和网络攻击、网络侵入等危害网络安全行为的技术措施……"《网络安全法》第25条规定："网络运营者应当制定网络安全事件应急预案，及时处置系统漏洞、计算机病毒、网络攻击、网络侵入等安全风险；在发生危害网络安全的事件时，立即启动应急预案，采取相应的补救措施，并按照规定向有关主管部门报告。"因此，某县图书馆网站应当采取防范计算机病毒和网络攻击、网络侵入等危害网络安全行为的技术措施，防止网站遭到攻击。在已经发生了危害网络安全的事件后应当及时采取补救措施，防止危害扩大。由于某县图书馆没有采取上述措施，违反了《网络安全法》的相关规定，受到了行政处罚，同时，由于其网络安全负责人没有履行相应的安全职责也受到了相应的行政处罚。

四、洛阳市某水务集团因网络安全管理制度不健全被处罚①

（1）基本案情：洛阳市某水务集团远程数据监测平台遭到黑客攻击，致使网页被篡改。经查，洛阳市某水务集团网络安全意识淡薄，网络安全管理制度不健全，网络安全技术措施落实不到位，未留存6个月以上的网络日志。洛阳市公安局某分局依据《网络安全法》第59条第1款规定，给予洛阳市某水务集团80000元罚款的行政处罚，同时分别对

① 案例来源："泰州网警"公众号，2018年11月15日。

三个部门相关责任人李某、张某、李某给予 15000 元、10000 元、10000 元罚款。

(2)案例评析：本案与前案相似，都是由于没有健全网络安全管理制度，采取防范病毒攻击的技术措施导致检测平台遭到黑客攻击，致使网页被篡改。此类的案件自《网络安全法》施行以来曾多次发生：2017 年 6 月至 7 月间，山西省忻州市某省直属事业单位网站存在 SQL 数据库注入漏洞，严重威胁网站信息安全，忻州市、县两级公安机关网络安全部门对该单位进行了现场执法检查，并依法给予行政警告处罚并责令其改正；2017 年 10 月 17 日，合肥市高新派出所针对其辖区内某门户网站因未落实网络安全保护责任而导致网站被入侵的情形，对该门户网站的网络运营主体单位下达整改通知书，并处以警告处罚；2017 年 12 月 21 日，广东省通信管理局发现广东金融学院、珠江时报社、南海图书馆、潮州市人力资源和社会保障局、广州市济达信息科技有限公司、惠州加贸科技有限公司等六个单位存在网络安全问题导致黑客入侵篡改发布了有害信息，对此责令六单位落实网络安全主体责任，暂停相关网站接入并采取措施修补漏洞，加强网络安全时间的检测预警。因此，网络运营者一定要切实采取防范危害网络安全行为的技术措施，如安装防病毒软件、网络身份认证系统、网络入侵检测系统、网络风险审计系统等。

五、淮南某校未落实网络安全等级保护制度受罚①

(1)基本案情：2017 年 9 月 28 日下午，淮南市网络与信息安全信息通报中心(淮南市公安局网安支队)接到国家网络与信息安全信息通报中心通报：淮南某校系统存在高危漏洞，系统存储的 4000 余名学生身份信息已经泄露。淮南市公安局网安支队经过现场勘验和调查，确认淮南某校招生信息管理系统存在越权漏洞，后台登录密码弱口令，学校

① 案例来源："淮南网警巡查执法"公众号，2017 年 10 月 12 日。

未落实网络安全管理制度，未建立网络安全防护技术措施，网络日志留存少于6个月，未采取数据分类、重要数据备份和加密措施，致使系统存储的4353名学生的身份信息泄露。根据《网络安全法》第21条、第59条第1款的规定，依法对淮南某校处以立即整改和行政警告的处罚措施。

(2)案例评述：《网络安全法》第21条规定，“网络运营者应当按照网络安全等级保护制度的要求”，“采取监测、记录网络运行状态、网络安全事件的技术措施，并按照规定留存相关的网络日志不少于六个月”，“采取数据分类、重要数据备份和加密等措施”，“保障网络免受干扰、破坏或者未经授权的访问，防止网络数据泄露或者被窃取、篡改”。因此，淮南某校应当加强整个网络中心系统(当然也包括招生信息管理系统)的网络安全管理，增强登录密码口令复杂度，落实网络安全等级保护制度，建立网络安全防护技术措施，网络日志留存不少于6个月，并采取数据分类、重要数据备份和加密措施。总而言之，事业单位存储着大量的重要数据信息，以淮南某校为代表的事业单位应该加强各自的网络安全管理，避免重要数据信息的泄露，以更好地发挥自己的社会职能，更好地服务于社会。

第四节　违反《网络安全法》的其他案例

一、“BOSS直聘”未落实实名制受罚①

(1)基本案情：2017年8月2日，网络曝出“求职少年李文星之死”，称东北大学毕业生李文星在“BOSS直聘”遭遇招聘诈骗，深陷传销组织；7月14日其尸体在天津静海被发现。23岁的李文星出生于山东德州的一个农村家庭，大学毕业后，李文星开始求职，便在“BOSS

① 案例来源：环球网，2017年8月12日。

直聘”上投递了多封简历，在收到“北京科蓝软件系统股份有限公司”的面试通知后，只经过简单的电话面试，李文星便收到了“该公司”的录用通知。原来，是有不法分子在“BOSS 直聘”上冒充北京科蓝软件系统股份有限公司发布了虚假的招聘信息，导致李文星误入传销组织，从而酿成了最后的惨剧。事件曝光后，网民和舆论持续关注，谴责“BOSS 直聘”未对招聘单位进行主体审核，导致传播虚假招聘信息，误导求职者。

随后，北京市网信办和天津市网信办针对“BOSS 直聘”的违法行为进行了联合执法，查明“BOSS 直聘”一方面在为用户提供信息发布服务过程中，违规为未提供真实身份信息的用户提供了信息发布服务，另一方面也未采取有效措施对用户发布传输的信息进行严格管理，导致违法违规信息扩散。因此认定“BOSS 直聘”的上述行为违反了《网络安全法》第 24 条第 1 款、第 47 条的规定，北京市网信办和天津市网信办依据《网络安全法》第 61 条、第 68 条第 1 款的规定对“BOSS 直聘”网站的经营者北京华品博睿网络技术有限公司作出责令整改的行政处罚决定。

(2)案例评述:《网络安全法》第 24 条第 1 款规定，网络运营者“为用户提供信息发布、即时通讯等服务”，“在与用户签订协议或者确认提供服务时，应当要求用户提供真实身份信息。用户不提供真实身份信息的，网络运营者不得为其提供相关服务”。《网络安全法》第 47 条规定，“网络运营者应当加强对其用户发布的信息的管理”。因此，“BOSS 直聘”应履行基本法定义务，对其平台发布招聘信息的主体的真实性负责，并对其平台上发布的招聘信息的真实性负责。然而，在“李文星事件”中，“BOSS 直聘”网站一度允许未经核验招聘信息发布主体真实性、未取得或未上传营业执照的主体发布招聘信息，其行为本身已涉嫌违反《网络安全法》的相关规定。为了避免此类悲剧的再次发生，也为了网络运营者能更好地为用户提供服务，更好地谋求自己的发展，网络运营者应切实贯彻落实《网络安全法》的相关规定，完善平台的实名制制度。

二、产品安全漏洞网络安全第一案：UC 智能云因产品存在安全漏洞受罚①

（1）基本案情：2017 年 9 月 17 日，广州某公司因违反《网络安全法》被广东省通信管理局通报，率先开启了通信行业主管部门依据《网络安全法》行政执法新的篇章。经广东省通信管理局查实，广州某公司提供的 UC 浏览器智能云加速产品服务存在安全缺陷和漏洞风险，未能及时全面检测和修补，已被用于传播违法有害信息，造成不良影响。依据《网络安全法》第 22 条第 1 款的规定，依法责令该公司立即整改，采取补救措施，并要求其开展通信网络安全防护风险评估，建立新业务上线前安全评估机制和已上线业务定期核查机制，对已上线网络产品服务进行全面检查，排除安全风险隐患，避免类似事件再次发生。

（2）案例评述：《网络安全法》第 22 条第 1 款规定，“网络产品、服务的提供者发现其网络产品、服务存在安全缺陷、漏洞等风险时，应当立即采取补救措施，按照规定及时告知用户并向有关主管部门报告”。因此，广州某公司在发现其提供的 UC 浏览器智能云加速产品服务存在安全缺陷和漏洞风险时，应该及时全面检测和修补，避免缺陷和漏洞被用于传播违法有害信息，对社会公众造成不良影响。

随着互联网行业的蒸蒸日上以及《网络安全法》的颁布和实施，网络产品、服务的提供者应该建立健全相应的网络安全管理制度，一来可以规避相应的法律风险，为自身的长远发展夯实基础，二来可以提升自身产品的竞争力，同时为营造良好的互联网网络环境贡献自己的一份力量。

三、铜陵一网民散播谣言、煽动参加非法集会受罚②

（1）基本案情：2017 年 7 月下旬，铜陵一网民金某因对公安机关处

① 案例来源：搜狐网，2017 年 9 月 19 日。

② 案例来源：“公安三所网络安全法律研究中心”公众号，2017 年 10 月 13 日。

置某经济类案件不满，为了给公安机关施加压力，多次在微信群中转发、传播不实信息和谣言，并积极煽动和组织其他网民参加非法集会，造成了较为恶劣的社会影响。铜陵市公安局网安支队巡查发现该情况后，立刻对金某进行了调查取证并移交给属地公安机关依法处理。金某到案后承认自己的信息主要来源于道听途说，并没有加以核实辨别，对自己煽动和组织其他网民的行为深表后悔，意识到自己的行为给社会造成了恶劣的影响。铜陵市铜官公安分局根据《网络安全法》第46条及第67条之规定，对金某处以行政拘留10日的处罚。这是自2017年6月1日《网络安全法》正式实施以来，安徽省公安机关依法处置的第一例对违反《网络安全法》的网民实施行政拘留的案件。

(2)案例评述：《网络安全法》第46条规定，“任何个人和组织应当对其使用网络的行为负责，不得设立用于实施诈骗，传授犯罪方法，制作或者销售违禁物品、管制物品等违法犯罪活动的网站、通讯群组，不得利用网络发布涉及实施诈骗，制作或者销售违禁物品、管制物品以及其他违法犯罪活动的信息”。根据该规定，该网民在网上传播不实信息和谣言，并积极煽动和组织其他网民参加非法集会的行为明显违反了《网络安全法》第46条的相关规定，公安机关对其予以行政处罚是十分必要的。互联网作为高效的信息传播载体，在传播信息时不仅潜在的受众面十分广，而且传播速度也非常快，故而在互联网平台上传播不实信息和谣言是极易引起社会混乱的。为了国家良好社会秩序的保持，也为了我们个人生活的安宁，每个参与网络活动的主体都应该对自己的行为负责。

附录 《网络安全法》全文及相关法律法规、规范性文件汇编

《网络安全法》全文

中华人民共和国网络安全法

目　　录

第一章　总则

第一条　为了保障网络安全，维护网络空间主权和国家安全、社会公共利益，保护公民、法人和其他组织的合法权益，促进经济社会信息

化健康发展，制定本法。

第二条 在中华人民共和国境内建设、运营、维护和使用网络，以及网络安全的监督管理，适用本法。

第三条 国家坚持网络安全与信息化发展并重，遵循积极利用、科学发展、依法管理、确保安全的方针，推进网络基础设施建设和互联互通，鼓励网络技术创新和应用，支持培养网络安全人才，建立健全网络安全保障体系，提高网络安全保护能力。

第四条 国家制定并不断完善网络安全战略，明确保障网络安全的基本要求和主要目标，提出重点领域的网络安全政策、工作任务和措施。

第五条 国家采取措施，监测、防御、处置来源于中华人民共和国境内外的网络安全风险和威胁，保护关键信息基础设施免受攻击、侵入、干扰和破坏，依法惩治网络违法犯罪活动，维护网络空间安全和秩序。

第六条 国家倡导诚实守信、健康文明的网络行为，推动传播社会主义核心价值观，采取措施提高全社会的网络安全意识和水平，形成全社会共同参与促进网络安全的良好环境。

第七条 国家积极开展网络空间治理、网络技术研发和标准制定、打击网络违法犯罪等方面的国际交流与合作，推动构建和平、安全、开放、合作的网络空间，建立多边、民主、透明的网络治理体系。

第八条 国家网信部门负责统筹协调网络安全工作和相关监督管理工作。国务院电信主管部门、公安部门和其他有关机关依照本法和有关法律、行政法规的规定，在各自职责范围内负责网络安全保护和监督管理工作。

县级以上地方人民政府有关部门的网络安全保护和监督管理职责，按照国家有关规定确定。

第九条 网络运营者开展经营和服务活动，必须遵守法律、行政法规，尊重社会公德，遵守商业道德，诚实信用，履行网络安全保护义务，接受政府和社会的监督，承担社会责任。

第十条 建设、运营网络或者通过网络提供服务，应当依照法律、行政法规的规定和国家标准的强制性要求，采取技术措施和其他必要措施，保障网络安全、稳定运行，有效应对网络安全事件，防范网络违法犯罪活动，维护网络数据的完整性、保密性和可用性。

第十一条 网络相关行业组织按照章程，加强行业自律，制定网络安全行为规范，指导会员加强网络安全保护，提高网络安全保护水平，促进行业健康发展。

第十二条 国家保护公民、法人和其他组织依法使用网络的权利，促进网络接入普及，提升网络服务水平，为社会提供安全、便利的网络服务，保障网络信息依法有序自由流动。

任何个人和组织使用网络应当遵守宪法法律，遵守公共秩序，尊重社会公德，不得危害网络安全，不得利用网络从事危害国家安全、荣誉和利益，煽动颠覆国家政权、推翻社会主义制度，煽动分裂国家、破坏国家统一，宣扬恐怖主义、极端主义，宣扬民族仇恨、民族歧视，传播暴力、淫秽色情信息，编造、传播虚假信息扰乱经济秩序和社会秩序，以及侵害他人名誉、隐私、知识产权和其他合法权益等活动。

第十三条 国家支持研究开发有利于未成年人健康成长的网络产品和服务，依法惩治利用网络从事危害未成年人身心健康的活动，为未成年人提供安全、健康的网络环境。

第十四条 任何个人和组织有权对危害网络安全的行为向网信、电信、公安等部门举报。收到举报的部门应当及时依法作出处理；不属于本部门职责的，应当及时移送有权处理的部门。

有关部门应当对举报人的相关信息予以保密，保护举报人的合法权益。

第二章 网络安全支持与促进

第十五条 国家建立和完善网络安全标准体系。国务院标准化行政主管部门和国务院其他有关部门根据各自的职责，组织制定并适时修订有关网络安全管理以及网络产品、服务和运行安全的国家标准、行业标准。

国家支持企业、研究机构、高等学校、网络相关行业组织参与网络安全国家标准、行业标准的制定。

第十六条 国务院和省、自治区、直辖市人民政府应当统筹规划，加大投入，扶持重点网络安全技术产业和项目，支持网络安全技术的研究开发和应用，推广安全可信的网络产品和服务，保护网络技术知识产权，支持企业、研究机构和高等学校等参与国家网络安全技术创新项目。

第十七条 国家推进网络安全社会化服务体系建设，鼓励有关企业、机构开展网络安全认证、检测和风险评估等安全服务。

第十八条 国家鼓励开发网络数据安全保护和利用技术，促进公共数据资源开放，推动技术创新和经济社会发展。

国家支持创新网络安全管理方式，运用网络新技术，提升网络安全保护水平。

第十九条 各级人民政府及其有关部门应当组织开展经常性的网络安全宣传教育，并指导、督促有关单位做好网络安全宣传教育工作。

大众传播媒介应当有针对性地面向社会进行网络安全宣传教育。

第二十条 国家支持企业和高等学校、职业学校等教育培训机构开展网络安全相关教育与培训，采取多种方式培养网络安全人才，促进网络安全人才交流。

第三章 网络运行安全

第一节 一般规定

第二十一条 国家实行网络安全等级保护制度。网络运营者应当按照网络安全等级保护制度的要求，履行下列安全保护义务，保障网络免受干扰、破坏或者未经授权的访问，防止网络数据泄露或者被窃取、篡改：

（一）制定内部安全管理制度和操作规程，确定网络安全负责人，落实网络安全保护责任；

（二）采取防范计算机病毒和网络攻击、网络侵入等危害网络安全行为的技术措施；

（三）采取监测、记录网络运行状态、网络安全事件的技术措施，并按照规定留存相关的网络日志不少于六个月；

（四）采取数据分类、重要数据备份和加密等措施；

（五）法律、行政法规规定的其他义务。

第二十二条　网络产品、服务应当符合相关国家标准的强制性要求。网络产品、服务的提供者不得设置恶意程序；发现其网络产品、服务存在安全缺陷、漏洞等风险时，应当立即采取补救措施，按照规定及时告知用户并向有关主管部门报告。

网络产品、服务的提供者应当为其产品、服务持续提供安全维护；在规定或者当事人约定的期限内，不得终止提供安全维护。

网络产品、服务具有收集用户信息功能的，其提供者应当向用户明示并取得同意；涉及用户个人信息的，还应当遵守本法和有关法律、行政法规关于个人信息保护的规定。

第二十三条　网络关键设备和网络安全专用产品应当按照相关国家标准的强制性要求，由具备资格的机构安全认证合格或者安全检测符合要求后，方可销售或者提供。国家网信部门会同国务院有关部门制定、公布网络关键设备和网络安全专用产品目录，并推动安全认证和安全检测结果互认，避免重复认证、检测。

第二十四条　网络运营者为用户办理网络接入、域名注册服务，办理固定电话、移动电话等入网手续，或者为用户提供信息发布、即时通讯等服务，在与用户签订协议或者确认提供服务时，应当要求用户提供真实身份信息。用户不提供真实身份信息的，网络运营者不得为其提供相关服务。

国家实施网络可信身份战略，支持研究开发安全、方便的电子身份认证技术，推动不同电子身份认证之间的互认。

第二十五条　网络运营者应当制定网络安全事件应急预案，及时处置系统漏洞、计算机病毒、网络攻击、网络侵入等安全风险；在发生危害网络安全的事件时，立即启动应急预案，采取相应的补救措施，并按照规定向有关主管部门报告。

第二十六条　开展网络安全认证、检测、风险评估等活动，向社会发布系统漏洞、计算机病毒、网络攻击、网络侵入等网络安全信息，应当遵守国家有关规定。

第二十七条　任何个人和组织不得从事非法侵入他人网络、干扰他人网络正常功能、窃取网络数据等危害网络安全的活动；不得提供专门用于从事侵入网络、干扰网络正常功能及防护措施、窃取网络数据等危害网络安全活动的程序、工具；明知他人从事危害网络安全的活动的，不得为其提供技术支持、广告推广、支付结算等帮助。

第二十八条　网络运营者应当为公安机关、国家安全机关依法维护国家安全和侦查犯罪的活动提供技术支持和协助。

第二十九条　国家支持网络运营者之间在网络安全信息收集、分析、通报和应急处置等方面进行合作，提高网络运营者的安全保障能力。

有关行业组织建立健全本行业的网络安全保护规范和协作机制，加强对网络安全风险的分析评估，定期向会员进行风险警示，支持、协助会员应对网络安全风险。

第三十条　网信部门和有关部门在履行网络安全保护职责中获取的信息，只能用于维护网络安全的需要，不得用于其他用途。

第二节　关键信息基础设施的运行安全

第三十一条　国家对公共通信和信息服务、能源、交通、水利、金融、公共服务、电子政务等重要行业和领域，以及其他一旦遭到破坏、丧失功能或者数据泄露，可能严重危害国家安全、国计民生、公共利益的关键信息基础设施，在网络安全等级保护制度的基础上，实行重点保护。关键信息基础设施的具体范围和安全保护办法由国务院制定。

国家鼓励关键信息基础设施以外的网络运营者自愿参与关键信息基础设施保护体系。

第三十二条　按照国务院规定的职责分工，负责关键信息基础设施安全保护工作的部门分别编制并组织实施本行业、本领域的关键信息基础设施安全规划，指导和监督关键信息基础设施运行安全保护工作。

第三十三条　建设关键信息基础设施应当确保其具有支持业务稳定、持续运行的性能，并保证安全技术措施同步规划、同步建设、同步使用。

第三十四条　除本法第二十一条的规定外，关键信息基础设施的运营者还应当履行下列安全保护义务：

（一）设置专门安全管理机构和安全管理负责人，并对该负责人和关键岗位的人员进行安全背景审查；

（二）定期对从业人员进行网络安全教育、技术培训和技能考核；

（三）对重要系统和数据库进行容灾备份；

（四）制定网络安全事件应急预案，并定期进行演练；

（五）法律、行政法规规定的其他义务。

第三十五条　关键信息基础设施的运营者采购网络产品和服务，可能影响国家安全的，应当通过国家网信部门会同国务院有关部门组织的国家安全审查。

第三十六条　关键信息基础设施的运营者采购网络产品和服务，应当按照规定与提供者签订安全保密协议，明确安全和保密义务与责任。

第三十七条　关键信息基础设施的运营者在中华人民共和国境内运营中收集和产生的个人信息和重要数据应当在境内存储。因业务需要，确需向境外提供的，应当按照国家网信部门会同国务院有关部门制定的办法进行安全评估；法律、行政法规另有规定的，依照其规定。

第三十八条　关键信息基础设施的运营者应当自行或者委托网络安

全服务机构对其网络的安全性和可能存在的风险每年至少进行一次检测评估，并将检测评估情况和改进措施报送相关负责关键信息基础设施安全保护工作的部门。

第三十九条 国家网信部门应当统筹协调有关部门对关键信息基础设施的安全保护采取下列措施：

（一）对关键信息基础设施的安全风险进行抽查检测，提出改进措施，必要时可以委托网络安全服务机构对网络存在的安全风险进行检测评估；

（二）定期组织关键信息基础设施的运营者进行网络安全应急演练，提高应对网络安全事件的水平和协同配合能力；

（三）促进有关部门、关键信息基础设施的运营者以及有关研究机构、网络安全服务机构等之间的网络安全信息共享；

（四）对网络安全事件的应急处置与网络功能的恢复等，提供技术支持和协助。

第四章 网络信息安全

第四十条 网络运营者应当对其收集的用户信息严格保密，并建立健全用户信息保护制度。

第四十一条 网络运营者收集、使用个人信息，应当遵循合法、正当、必要的原则，公开收集、使用规则，明示收集、使用信息的目的、方式和范围，并经被收集者同意。

网络运营者不得收集与其提供的服务无关的个人信息，不得违反法律、行政法规的规定和双方的约定收集、使用个人信息，并应当依照法律、行政法规的规定和与用户的约定，处理其保存的个人信息。

第四十二条 网络运营者不得泄露、篡改、毁损其收集的个人信息；未经被收集者同意，不得向他人提供个人信息。但是，经过处理无法识别特定个人且不能复原的除外。

网络运营者应当采取技术措施和其他必要措施，确保其收集的个人信息安全，防止信息泄露、毁损、丢失。在发生或者可能发生个人信息泄露、毁损、丢失的情况时，应当立即采取补救措施，按照规定及时告知用户并向有关主管部门报告。

第四十三条 个人发现网络运营者违反法律、行政法规的规定或者双方的约定收集、使用其个人信息的，有权要求网络运营者删除其个人信息；发现网络运营者收集、存储的其个人信息有错误的，有权要求网络运营者予以更正。网络运营者应当采取措施予以删除或者更正。

第四十四条 任何个人和组织不得窃取或者以其他非法方式获取个人信息，不得非法出售或者非法向他人提供个人信息。

第四十五条 依法负有网络安全监督管理职责的部门及其工作人员，必须对在履行职责中知悉的个人信息、隐私和商业秘密严格保密，不得泄露、出售或者非法向他人提供。

第四十六条 任何个人和组织应当对其使用网络的行为负责，不得设立用于实施诈骗，传授犯罪方法，制作或者销售违禁物品、管制物品等违法犯罪活动的网站、通讯群组，不得利用网络发布涉及实施诈骗，制作或者销售违禁物品、管制物品以及其他违法犯罪活动的信息。

第四十七条 网络运营者应当加强对其用户发布的信息的管理，发现法律、行政法规禁止发布或者传输的信息的，应当立即停止传输该信息，采取消除等处置措施，防止信息扩散，保存有关记录，并向有关主管部门报告。

第四十八条 任何个人和组织发送的电子信息、提供的应用软件，不得设置恶意程序，不得含有法律、行政法规禁止发布或者传输的信息。

电子信息发送服务提供者和应用软件下载服务提供者，应当履行安全管理义务，知道其用户有前款规定行为的，应当停止提供服务，采取消除等处置措施，保存有关记录，并向有关主管部门报告。

第四十九条 网络运营者应当建立网络信息安全投诉、举报制度，公布投诉、举报方式等信息，及时受理并处理有关网络信息安全的投诉和举报。

网络运营者对网信部门和有关部门依法实施的监督检查，应当予以配合。

第五十条 国家网信部门和有关部门依法履行网络信息安全监督管理职责，发现法律、行政法规禁止发布或者传输的信息的，应当要求网络运营者停止传输，采取消除等处置措施，保存有关记录；对来源于中华人民共和国境外的上述信息，应当通知有关机构采取技术措施和其他必要措施阻断传播。

第五章 监测预警与应急处置

第五十一条 国家建立网络安全监测预警和信息通报制度。国家网信部门应当统筹协调有关部门加强网络安全信息收集、分析和通报工作，按照规定统一发布网络安全监测预警信息。

第五十二条 负责关键信息基础设施安全保护工作的部门，应当建立健全本行业、本领域的网络安全监测预警和信息通报制度，并按照规定报送网络安全监测预警信息。

第五十三条 国家网信部门协调有关部门建立健全网络安全风险评估和应急工作机制，制定网络安全事件应急预案，并定期组织演练。

负责关键信息基础设施安全保护工作的部门应当制定本行业、本领域的网络安全事件应急预案，并定期组织演练。

网络安全事件应急预案应当按照事件发生后的危害程度、影响范围等因素对网络安全事件进行分级，并规定相应的应急处置措施。

第五十四条 网络安全事件发生的风险增大时，省级以上人民政府有关部门应当按照规定的权限和程序，并根据网络安全风险的特点和可能造成的危害，采取下列措施：

（一）要求有关部门、机构和人员及时收集、报告有关信息，加强对网络安全风险的监测；

（二）组织有关部门、机构和专业人员，对网络安全风险信息进行分析评估，预测事件发生的可能性、影响范围和危害程度；

（三）向社会发布网络安全风险预警，发布避免、减轻危害的措施。

第五十五条　发生网络安全事件，应当立即启动网络安全事件应急预案，对网络安全事件进行调查和评估，要求网络运营者采取技术措施和其他必要措施，消除安全隐患，防止危害扩大，并及时向社会发布与公众有关的警示信息。

第五十六条　省级以上人民政府有关部门在履行网络安全监督管理职责中，发现网络存在较大安全风险或者发生安全事件的，可以按照规定的权限和程序对该网络的运营者的法定代表人或者主要负责人进行约谈。网络运营者应当按照要求采取措施，进行整改，消除隐患。

第五十七条　因网络安全事件，发生突发事件或者生产安全事故的，应当依照《中华人民共和国突发事件应对法》、《中华人民共和国安全生产法》等有关法律、行政法规的规定处置。

第五十八条　因维护国家安全和社会公共秩序，处置重大突发社会安全事件的需要，经国务院决定或者批准，可以在特定区域对网络通信采取限制等临时措施。

第六章　法律责任

第五十九条　网络运营者不履行本法第二十一条、第二十五条规定的网络安全保护义务的，由有关主管部门责令改正，给予警告；拒不改正或者导致危害网络安全等后果的，处一万元以上十万元以下罚款，对直接负责的主管人员处五千元以上五万元以下罚款。

关键信息基础设施的运营者不履行本法第三十三条、第三十四条、第三十六条、第三十八条规定的网络安全保护义务的，由有关主管部门责令改正，给予警告；拒不改正或者导致危害网络安全等后果的，处十万元以上一百万元以下罚款，对直接负责的主管人员处一万元以上十万元以下罚款。

第六十条　违反本法第二十二条第一款、第二款和第四十八条第一款规定，有下列行为之一的，由有关主管部门责令改正，给予警告；拒不改正或者导致危害网络安全等后果的，处五万元以上五十万元以下罚款，对直接负责的主管人员处一万元以上十万元以下罚款：

（一）设置恶意程序的；

（二）对其产品、服务存在的安全缺陷、漏洞等风险未立即采取补救措施，或者未按照规定及时告知用户并向有关主管部门报告的；

（三）擅自终止为其产品、服务提供安全维护的。

第六十一条 网络运营者违反本法第二十四条第一款规定，未要求用户提供真实身份信息，或者对不提供真实身份信息的用户提供相关服务的，由有关主管部门责令改正；拒不改正或者情节严重的，处五万元以上五十万元以下罚款，并可以由有关主管部门责令暂停相关业务、停业整顿、关闭网站、吊销相关业务许可证或者吊销营业执照，对直接负责的主管人员和其他直接责任人员处一万元以上十万元以下罚款。

第六十二条 违反本法第二十六条规定，开展网络安全认证、检测、风险评估等活动，或者向社会发布系统漏洞、计算机病毒、网络攻击、网络侵入等网络安全信息的，由有关主管部门责令改正，给予警告；拒不改正或者情节严重的，处一万元以上十万元以下罚款，并可以由有关主管部门责令暂停相关业务、停业整顿、关闭网站、吊销相关业务许可证或者吊销营业执照，对直接负责的主管人员和其他直接责任人员处五千元以上五万元以下罚款。

第六十三条 违反本法第二十七条规定，从事危害网络安全的活动，或者提供专门用于从事危害网络安全活动的程序、工具，或者为他人从事危害网络安全的活动提供技术支持、广告推广、支付结算等帮助，尚不构成犯罪的，由公安机关没收违法所得，处五日以下拘留，可以并处五万元以上五十万元以下罚款；情节较重的，处五日以上十五日以下拘留，可以并处十万元以上一百万元以下罚款。

单位有前款行为的，由公安机关没收违法所得，处十万元以上一百万元以下罚款，并对直接负责的主管人员和其他直接责任人员依照前款规定处罚。

违反本法第二十七条规定，受到治安管理处罚的人员，五年内不得从事网络安全管理和网络运营关键岗位的工作；受到刑事处罚的人员，终身不得从事网络安全管理和网络运营关键岗位的工作。

第六十四条 网络运营者、网络产品或者服务的提供者违反本法第二十二条第三款、第四十一条至第四十三条规定，侵害个人信息依法得到保护的权利的，由有关主管部门责令改正，可以根据情节单处或者并处警告、没收违法所得、处违法所得一倍以上十倍以下罚款，没有违法所得的，处一百万元以下罚款，对直接负责的主管人员和其他直接责任人员处一万元以上十万元以下罚款；情节严重的，并可以责令暂停相关业务、停业整顿、关闭网站、吊销相关业务许可证或者吊销营业执照。

违反本法第四十四条规定，窃取或者以其他非法方式获取、非法出售或者非法向他人提供个人信息，尚不构成犯罪的，由公安机关没收违法所得，并处违法所得一倍以上十倍以下罚款，没有违法所得的，处一百万元以下罚款。

第六十五条 关键信息基础设施的运营者违反本法第三十五条规定，使用未经安全审查或者安全审查未通过的网络产品或者服务的，由有关主管部门责令停止使用，处采购金额一倍以上十倍以下罚款；对直接负责的主管人员和其他直接责任人员处一万元以上十万元以下罚款。

第六十六条 关键信息基础设施的运营者违反本法第三十七条规定，在境外存储网络数据，或者向境外提供网络数据的，由有关主管部门责令改正，给予警告，没收违法所得，处五万元以上五十万元以下罚款，并可以责令暂停相关业务、停业整顿、关闭网站、吊销相关业务许可证或者吊销营业执照；对直接负责的主管人员和其他直接责任人员处一万元以上十万元以下罚款。

第六十七条 违反本法第四十六条规定，设立用于实施违法犯罪活动的网站、通讯群组，或者利用网络发布涉及实施违法犯罪活动的信息，尚不构成犯罪的，由公安机关处五日以下拘留，可以并处一万元以上十万元以下罚款；情节较重的，处五日以上十五日以下拘留，可以并处五万元以上五十万元以下罚款。关闭用于实施违法犯罪活动的网站、通讯群组。

单位有前款行为的，由公安机关处十万元以上五十万元以下罚款，并对直接负责的主管人员和其他直接责任人员依照前款规定处罚。

第六十八条 网络运营者违反本法第四十七条规定，对法律、行政法规禁止发布或者传输的信息未停止传输、采取消除等处置措施、保存有关记录的，由有关主管部门责令改正，给予警告，没收违法所得；拒不改正或者情节严重的，处十万元以上五十万元以下罚款，并可以责令暂停相关业务、停业整顿、关闭网站、吊销相关业务许可证或者吊销营业执照，对直接负责的主管人员和其他直接责任人员处一万元以上十万元以下罚款。

电子信息发送服务提供者、应用软件下载服务提供者，不履行本法第四十八条第二款规定的安全管理义务的，依照前款规定处罚。

第六十九条 网络运营者违反本法规定，有下列行为之一的，由有关主管部门责令改正；拒不改正或者情节严重的，处五万元以上五十万元以下罚款，对直接负责的主管人员和其他直接责任人员，处一万元以上十万元以下罚款：

(一)不按照有关部门的要求对法律、行政法规禁止发布或者传输的信息，采取停止传输、消除等处置措施的；

(二)拒绝、阻碍有关部门依法实施的监督检查的；

(三)拒不向公安机关、国家安全机关提供技术支持和协助的。

第七十条 发布或者传输本法第十二条第二款和其他法律、行政法规禁止发布或者传输的信息的，依照有关法律、行政法规的规定处罚。

第七十一条 有本法规定的违法行为的，依照有关法律、行政法规的规定记入信用档案，并予以公示。

第七十二条 国家机关政务网络的运营者不履行本法规定的网络安全保护义务的，由其上级机关或者有关机关责令改正；对直接负责的主管人员和其他直接责任人员依法给予处分。

第七十三条 网信部门和有关部门违反本法第三十条规定，将在履行网络安全保护职责中获取的信息用于其他用途的，对直接负责的主管人员和其他直接责任人员依法给予处分。

网信部门和有关部门的工作人员玩忽职守、滥用职权、徇私舞弊，尚不构成犯罪的，依法给予处分。

第七十四条 违反本法规定，给他人造成损害的，依法承担民事责任。

违反本法规定，构成违反治安管理行为的，依法给予治安管理处罚；构成犯罪的，依法追究刑事责任。

第七十五条 境外的机构、组织、个人从事攻击、侵入、干扰、破坏等危害中华人民共和国的关键信息基础设施的活动，造成严重后果的，依法追究法律责任；国务院公安部门和有关部门并可以决定对该机构、组织、个人采取冻结财产或者其他必要的制裁措施。

第七章 附 则

第七十六条 本法下列用语的含义：

（一）网络，是指由计算机或者其他信息终端及相关设备组成的按照一定的规则和程序对信息进行收集、存储、传输、交换、处理的系统。

（二）网络安全，是指通过采取必要措施，防范对网络的攻击、侵入、干扰、破坏和非法使用以及意外事故，使网络处于稳定可靠运行的状态，以及保障网络数据的完整性、保密性、可用性的能力。

（三）网络运营者，是指网络的所有者、管理者和网络服务提供者。

（四）网络数据，是指通过网络收集、存储、传输、处理和产生的各种电子数据。

（五）个人信息，是指以电子或者其他方式记录的能够单独或者与其他信息结合识别自然人个人身份的各种信息，包括但不限于自然人的姓名、出生日期、身份证件号码、个人生物识别信息、住址、电话号码等。

第七十七条 存储、处理涉及国家秘密信息的网络的运行安全保护，除应当遵守本法外，还应当遵守保密法律、行政法规的规定。

第七十八条 军事网络的安全保护，由中央军事委员会另行规定。

第七十九条 本法自2017年6月1日起施行。

法 律

全国人民代表大会常务委员会关于维护互联网安全的决定

全国人民代表大会常务委员会关于加强网络信息保护的决定

中华人民共和国电子商务法

中华人民共和国侵权责任法

行政法规

国务院关于授权国家互联网信息办公室负责互联网信息内容管理工作的通知

计算机信息网络国际联网安全保护管理办法

中华人民共和国计算机信息系统安全保护条例

中华人民共和国互联网信息服务管理办法

互联网商务服务营业场所管理条例

中华人民共和国电信条例

关键信息基础设施安全保护条例(征求意见稿)

商用密码管理条例

信息网络传播权保护条例

部门规章

互联网信息内容管理行政执法程序规定

外国机构在中国境内提供金融信息服务管理规定

电信和互联网用户个人信息保护规定
规范互联网信息服务市场秩序若干规定
互联网跟帖评论服务管理规定
互联网文化暂行管理规定
网络产品和服务安全审查办法(试行)
网络交易管理办法
互联网新闻信息服务管理规定
互联网新闻信息服务许可管理实施细则
互联网信息内容管理行政执法程序规定
互联网信息搜索服务管理规定
互联网用户公众账号信息服务管理规定
互联网域名管理办法
互联网直播服务管理规定
即时通信工具公众信息服务发展管理暂行规定
通信短信息服务管理规定
个人信息和重要数据出境安全评估办法(征求意见稿)
信息安全技术公共及商用服务信息系统个人信息保护指南
移动互联网应用程序信息服务管理规定

司法解释

最高人民法院关于审理利用信息网络侵害人身权益民事纠纷案件适用法律若干问题的规定

最高人民法院、最高人民检察院关于办理利用信息网络实施诽谤等刑事案件适用法律若干问题的解释

最高人民法院、最高人民检察院关于办理利用互联网、移动通讯终端、声讯台制作、复制、出版、贩卖、传播淫秽电子信息刑事案件具体应用法律若干问题的解释(二)

最高人民法院、最高人民检察院关于办理侵犯公民个人信息刑事案

件适用法律若干问题的解释

最高人民法院、最高人民检察院关于办理危害计算机信息系统安全刑事案件应用法律若干问题的解释

最高人民法院、最高人民检察院、公安部关于办理电信网络诈骗等刑事案件适用法律若干问题的意见

规范性文件

国家网络安全事件应急预案

网络关键设备和网络安全专用产品目录(第一批)

互联网新闻信息服务单位内容管理从业人员管理办法

互联网新闻信息服务新技术新应用安全评估管理规定

移动互联网应用程序信息服务管理规定

互联网用户公众账号信息服务管理规定

互联网群组信息服务管理规定

网络安全事件应急演练通用指南(征求意见稿)

关键信息基础设施安全检查评估指南(征求意见稿)

数据出境安全评估指南(征求意见稿)

个人信息安全规范(征求意见稿)

移动互联网应用程序(App)安全认证实施规则

互联网个人信息保护指南

App 违法违规收集使用个人信息自评估指南

App 违法违规收集使用个人信息行为认定方法(征求意见稿)

网络安全等级保护条例(征求意见稿)

数据安全管理办法(征求意见稿)

网络安全相关国家标准和行业标准目录

一、强制性国家标准

1. GB 17859—1999 计算机信息系统 安全保护等级划分准则

2. GB 4943. 1—2011 信息技术设备 安全 第 1 部分：通用要求

3. GB 4943. 23—2012 信息技术设备 安全 第 23 部分：大型数据存储设备

4. GB 15629. 1101—2006 信息技术 系统间远程通信和信息交换 局域网和城域网特定要求 第 11 部分：无线局域网媒体访问控制和物理层规范：5. 8 GHz 频段高速物理层扩展规范

5. GB 15629. 11—2003 信息技术 系统间远程通信和信息交换 局域网和城域网 特定要求 第 11 部分：无线局域网媒体访问控制和物理层规范

6. GB 15629. 1102—2003 信息技术 系统间远程通信和信息交换 局域网和城域网特定要求 第 11 部分：无线局域网媒体访问控制和物理层规范：2. 4 GHz 频段较高速物理层扩展规范

7. GB 15629. 1104—2006 信息技术 系统间远程通信和信息交换 局域网和城域网特定要求 第 11 部分：无线局域网媒体访问控制和物理层规范：2. 4 GHz 频段更高数据速率扩展规范

8. GB 18030—2005 信息技术 中文编码字符集

9. GB 16959—1997 信息技术 信息交换用藏文编码字符集 基本集

10. GB 199666—2005 信息技术 通用多八位编码字符集(基本多文种平面)汉字 16 点阵字型

11. GB 19967. 1—2005 信息技术 通用多八位编码字符集(基本多文种平面)汉字 24 点阵字型 第 1 部分：宋体

二、推荐性国家标准和指导性国家标准

(一)WG3-密码技术标准工作组

1. GB/T 31503—2015 信息安全技术 电子文档加密与签名消息语法

2. GB/T 25056—2010 信息安全技术 证书认证系统密码及其相关安全技术规范

3. GB/T 17964—2008 信息安全技术 分组密码算法的工作模式

4. GB/T 18238. 1—2000 信息技术 安全技术 散列函数 第 1 部分：

概述

5. GB/T 18238.2—2002 信息技术 安全技术 散列函数 第2部分：采用n位块密码的散列函数

6. GB/T 18238.3—2002 信息技术 安全技术 散列函数 第3部分：专用散列函数

7. GB/T 17901.1—1999 信息技术 安全技术 密钥管理 第1部分：框架

(二)WG4-鉴别与授权工作组

1. GB/T 31508—2015 信息安全技术 公钥基础设施 数字证书策略分类分级规范

2. GB/T 29241—2012 信息安全技术 公钥基础设施 PKI互操作性评估准则

3. GB/T 21053—2007 信息安全技术 公钥基础设施 PKI系统安全等级保护技术要求

4. GB/T 21054—2007 信息安全技术 公钥基础设施 PKI系统安全等级保护评估准则

5. GB/T 25060—2010 信息安全技术 公钥基础设施 X.509数字证书应用接口规范

6. GB/T 25061—2010 信息安全技术 公钥基础设施 XML数字签名语法与处理规范

7. GB/T 20518—2006 信息安全技术 公钥基础设施 数字证书格式

8. GB/T 20520—2006 信息安全技术 公钥基础设施 时间戳规范

9. GB/T 30272—2013 信息安全技术 公钥基础设施 标准一致性测试评价指南

10. GB/T 29767—2013 信息安全技术 公钥基础设施 桥CA体系证书分级规范

11. GB/T 20519—2006 信息安全技术 公钥基础设施 特定权限管理中心技术规范

12. GB/T 25057—2010 信息安全技术 公钥基础设施 电子签名卡应用接口基本要求

13. GB/T 30274—2013 信息安全技术 公钥基础设施 电子签名卡应用接口测试规范

14. GB/T 25064—2010 信息安全技术 公钥基础设施 电子签名格式规范

15. GB/T 30277—2013 信息安全技术 公钥基础设施 电子认证机构标识编码规范

16. GB/T 25065—2010 信息安全技术 公钥基础设施 签名生成应用程序的安全要求

17. GB/T 25059—2010 信息安全技术 公钥基础设施 简易在线证书状态协议

18. GB/T 26855—2011 信息安全技术 公钥基础设施 证书策略与认证业务声明框架

19. GB/T 32213—2015 信息安全技术 公钥基础设施 远程口令鉴别与密钥建立规范

20. GB/T 25055—2010 信息安全技术 公钥基础设施安全支撑平台技术框架

21. GB/T 28455—2012 信息安全技术 引入可信第三方的实体鉴别及接入架构规范

22. GB/T 29243—2012 信息安全技术 数字证书代理认证路径构造和代理验证规范

23. GB/T 30281—2013 信息安全技术 鉴别与授权 可扩展访问控制标记语言

24. GB/T 30280—2013 信息安全技术 鉴别与授权 地理空间可扩展访问控制置标语言

25. GB/T 25062—2010 信息安全技术 鉴别与授权 基于角色的访问控制模型与管理规范

26. GB/T 29242—2012 信息安全技术 鉴别与授权 安全断言标记语言

27. GB/T 31501—2015 信息安全技术 鉴别与授权 授权应用程序判定接口规范

28. GB/T 31504—2015 信息安全技术 鉴别与授权 数字身份信息服务框架规范

29. GB/T 30275—2013 信息安全技术 鉴别与授权 认证中间件框架与接口规范

30. GB/T 15852. 1—2008 信息技术 安全技术 消息鉴别码 第 1 部分：采用分组密码的机制

31. GB/T 15852. 2—2012 信息技术 安全技术 消息鉴别码 第 2 部分：采用专用杂凑函数的机制

32. GB/T 19771—2005 信息技术 安全技术 公钥基础设施 PKI 组件最小互操作规范

33. GB/T 19713—2005 信息技术 安全技术 公钥基础设施 在线证书状态协议

34. GB/T 19714—2005 信息技术 安全技术 公钥基础设施 证书管理协议

35. GB/T 15843. 1—2008 信息技术 安全技术 实体鉴别 第 1 部分：概述

36. GB/T 15843. 2—2008 信息技术 安全技术 实体鉴别 第 2 部分：采用对称加密算法的机制

37. GB/T 15843. 3—2016 信息技术 安全技术 实体鉴别 第 3 部分：采用数字签名技术的机制

38. GB/T 15843. 4—2008 信息技术 安全技术 实体鉴别 第 4 部分：采用密码校验函数的机制

39. GB/T 15843. 5—2005 信息技术 安全技术 实体鉴别 第 5 部分：使用零知识技术的机制

40. GB/T 15851—1995 信息技术 安全技术 带消息恢复的数字签名方案

41. GB/T 17902.1—1999 信息技术 安全技术 带附录的数字签名 第1部分：概述

42. GB/T 17902.2—2005 信息技术 安全技术 带附录的数字签名 第2部分：基于身份的机制

43. GB/T 17902.3—2005 信息技术 安全技术 带附录的数字签名 第3部分：基于证书的机制

44. GB/T 17903.1—2008 信息技术 安全技术 抗抵赖 第1部分：概述

45. GB/T 17903.2—2008 信息技术 安全技术 抗抵赖 第2部分：采用对称技术的机制

46. GB/T 17903.3—2008 信息技术 安全技术 抗抵赖 第3部分：采用非对称技术的机制

47. GB/T 17710—2008 信息技术 安全技术 校验字符系统

48. GB/T 16264.8—2005 信息技术 开放系统互连 目录 第8部分：公钥和属性证书框架

（三）WG5-信息安全评估工作组

1. GB/T 28456—2012 IPSec协议应用测试规范

2. GB/T 28457—2012 SSL协议应用测试规范

3. GB/T 31505—2015 信息安全技术 主机型防火墙安全技术要求和测试评价方法

4. GB/T 31506—2015 信息安全技术 政府门户网站系统安全技术指南

5. GB/T 31507—2015 信息安全技术 智能卡通用安全检测指南

6. GB/T 31502—2015 信息安全技术 电子支付系统安全保护框架

7. GB/Z 20283—2006 信息安全技术 保护轮廓和安全目标的产生指南

8. GB/T 25066—2010 信息安全技术 信息安全产品类别与代码

9. GB/T 30276—2013 信息安全技术 信息安全漏洞管理规范

10. GB/Z 30286—2013 信息安全技术 信息系统保护轮廓和信息系统安全目标产生指南

11. GB/T 20274.1—2006 信息安全技术 信息系统安全保障评估框架 第1部分：简介和一般模型

12. GB/T 20274.1—2008 信息安全技术 信息系统安全保障评估框架 第2部分：技术保障

13. GB/T 20274.3—2008 信息安全技术 信息系统安全保障评估框架 第3部分：管理保障

14. GB/T 20274.4—2008 信息安全技术 信息系统安全保障评估框架 第4部分：工程保障

15. GB/T 30273—2013 信息安全技术 信息系统安全保障通用评估指南

16. GB/T 20945—2013 信息安全技术 信息系统安全审计产品技术要求和测试评价方法

17. GB/T 22239—2008 信息安全技术 信息系统安全等级保护基本要求

18. GB/T 22240—2008 信息安全技术 信息系统安全等级保护定级指南

19. GB/T 25058—2010 信息安全技术 信息系统安全等级保护实施指南

20. GB/T 28448—2012 信息安全技术 信息系统安全等级保护测评要求

21. GB/T 28449—2012 信息安全技术 信息系统安全等级保护测评过程指南

22. GB/T 21052—2007 信息安全技术 信息系统物理安全技术要求

23. GB/T 25070—2010 信息安全技术 信息系统等级保护安全设计

技术要求

24. GB/T 20271—2006 信息安全技术 信息系统通用安全技术要求

25. GB/T 22186—2008 信息安全技术 具有中央处理器的集成电路(IC)卡芯片安全技术要求(评估保证级4增强级)

26. GB/T 29244—2012 信息安全技术 办公设备基本安全要求

27. GB/T 20010—2005 信息安全技术 包过滤防火墙评估准则

28. GB/T 30282—2013 信息安全技术 反垃圾邮件产品技术要求和测试评价方法

29. GB/T 28458—2012 信息安全技术 安全漏洞标识与描述规范

30. GB/T 30279—2013 信息安全技术 安全漏洞等级划分指南

31. GB/T 28452—2012 信息安全技术 应用软件系统通用安全技术要求

32. GB/T 20272—2006 信息安全技术 操作系统安全技术要求

33. GB/T 20008—2005 信息安全技术 操作系统安全评估准则

34. GB/T 30278—2013 信息安全技术 政务计算机终端核心配置规范

35. GB/T 29765—2013 信息安全技术 数据备份与恢复产品技术要求与测试评价方法

36. GB/T 20273—2006 信息安全技术 数据库管理系统安全技术要求

37. GB/T 20009—2005 信息安全技术 数据库管理系统安全评估准则

38. GB/T 20276—2006 信息安全技术 智能卡嵌入式软件安全技术要求(EAL4 增强级)

39. GB/T 21028—2007 信息安全技术 服务器安全技术要求

40. GB/T 25063—2010 信息安全技术 服务器安全测评要求

41. GB/T 29240—2012 信息安全技术 终端计算机通用安全技术要求与测试评价方法

42. GB/T 31499—2015 信息安全技术 统一威胁管理产品技术要求和测试评价方法

43. GB/T 20987—2007 信息安全技术 网上证券交易系统信息安全保障评估准则

44. GB/T 20983—2007 信息安全技术 网上银行系统信息安全保障评估准则

45. GB/T 29766—2013 信息安全技术 网站数据恢复产品技术要求与测试评价方法

46. GB/T 21050—2007 信息安全技术 网络交换机安全技术要求(评估保证级 3)

47. GB/T 20275—2013 信息安全技术 网络入侵检测系统技术要求和测试评价方法

48. GB/T 20279—2015 信息安全技术 网络和终端隔离产品安全技术要求

49. GB/T 20277—2015 信息安全技术 网络和终端隔离产品测试评价方法

50. GB/T 28451—2012 信息安全技术 网络型入侵防御产品技术要求和测试评价方法

51. GB/T 20270—2006 信息安全技术 网络基础安全技术要求

52. GB/T 20278—2013 信息安全技术 网络脆弱性扫描产品安全技术要求

53. GB/T 20280—2006 信息安全技术 网络脆弱性扫描产品测试评价方法

54. GB/T 20979—2007 信息安全技术 虹膜识别系统技术要求

55. GB/T 18018—2007 信息安全技术 路由器安全技术要求

56. GB/T 20011—2005 信息安全技术 路由器安全评估准则

57. GB/T 20281—2015 信息安全技术 防火墙安全技术要求和测试评价方法

58. GB/T 18336.1—2015 信息技术 安全技术 信息技术安全评估准则 第1部分：简介和一般模型

59. GB/T 18336.2—2015 信息技术 安全技术 信息技术安全评估准则 第2部分：安全功能组件

60. GB/T 18336.3—2015 信息技术 安全技术 信息技术安全评估准则 第3部分：安全保障组件

61. GB/Z 29830.1—2013 信息技术 安全技术 信息技术安全保障框架 第1部分：综述和框架

62. GB/Z 29830.2—2013 信息技术 安全技术 信息技术安全保障框架 第2部分：保障方法

63. GB/Z 29830.3—2013 信息技术 安全技术 信息技术安全保障框架 第3部分：保障方法分析

64. GB/T 30270—2013 信息技术 安全技术 信息技术安全性评估方法

（四）WG6-通信安全标准工作组

1. GB/T 30284—2013 信息安全技术 移动通信智能终端操作系统安全技术要求（EAL2级）

2. GB/Z 19717—2005 基于多用途互联网邮件扩展（MIME）的安全报文交换

（五）WG7-信息安全管理工作组

1. GB/T 31495.1—2015 信息安全技术 信息安全保障指标体系及评价方法 第1部分：概念和模型

2. GB/T 31495.2—2015 信息安全技术 信息安全保障指标体系及评价方法 第2部分：指标体系

3. GB/T 31495.3—2015 信息安全技术 信息安全保障指标体系及评价方法 第3部分：实施指南

4. GB/Z 20986—2007 信息安全技术 信息安全事件分类分级指南

5. GB/T 24363—2009 信息安全技术 信息安全应急响应计划规范

6. GB/T 30283—2013 信息安全技术 信息安全服务分类

7. GB/T 30271—2013 信息安全技术 信息安全服务能力评估准则

8. GB/T 28450—2012 信息安全技术 信息安全管理体系审核指南

9. GB/Z 24364—2009 信息安全技术 信息安全风险管理指南

10. GB/T 31509—2015 信息安全技术 信息安全风险评估实施指南

11. GB/T 20984—2007 信息安全技术 信息安全风险评估规范

12. GB/T 20282—2006 信息安全技术 信息系统安全工程管理要求

13. GB/T 20269—2006 信息安全技术 信息系统安全管理要求

14. GB/T 28453—2012 信息安全技术 信息系统安全管理评估要求

15. GB/T 20988—2007 信息安全技术 信息系统灾难恢复规范

16. GB/Z 28828—2012 信息安全技术 公共及商用服务信息系统个人信息保护指南

17. GB/T 29829—2013 信息安全技术 可信计算密码支撑平台功能与接口规范

18. GB/T 29827—2013 信息安全技术 可信计算规范可信平台主板功能接口

19. GB/T 29828—2013 信息安全技术 可信计算规范 可信连接架构

20. GB/Z 24294—2009 信息安全技术 基于互联网电子政务信息安全实施指南

21. GB/T 31500—2015 信息安全技术 存储介质数据恢复服务要求

22. GB/T 29245—2012 信息安全技术 政府部门信息安全管理基本要求

23. GB/T 25069—2010 信息安全技术 术语

24. GB/T 30285—2013 信息安全技术 灾难恢复中心建设与运维管理规范

25. GB/T 28447—2012 信息安全技术 电子认证服务机构运营管理规范

26. GB/T 19715. 1—2005 信息技术 信息技术安全管理指南 第 1 部

分：信息技术安全概念和模型

27. GB/T 19715. 2—2005 信息技术 信息技术安全管理指南 第 2 部分：管理和规划信息技术安全

28. GB/T 25068. 1—2012 信息技术 安全技术 IT 网络安全 第 1 部分：网络安全管理

29. GB/T 25068. 2—2012 信息技术 安全技术 IT 网络安全 第 2 部分：网络安全体系结构

30. GB/T 25068. 3—2010 信息技术 安全技术 IT 网络安全 第 3 部分：使用安全网关的网间通信安全保护

31. GB/T 25068. 4—2010 信息技术 安全技术 IT 网络安全 第 4 部分：远程接入的安全保护

32. GB/T 25068. 5—2010 信息技术 安全技术 IT 网络安全 第 5 部分：使用虚拟专用网的跨网通信安全保护

33. GB/Z 20985—2007 信息技术 安全技术 信息安全事件管理指南

34. GB/T 31497—2015 信息技术 安全技术 信息安全管理 测量

35. GB/T 29246—2012 信息技术 安全技术 信息安全管理体系 概述和词汇

36. GB/T 22080—2008 信息技术 安全技术 信息安全管理体系 要求

37. GB/T 31496—2015 信息技术 安全技术 信息安全管理体系实施指南

38. GB/T 25067—2010 信息技术 安全技术 信息安全管理体系审核认证机构的要求

39. GB/T 22081—2008 信息技术 安全技术 信息安全管理实用规则

40. GB/T 28454—2012 信息技术 安全技术 入侵检测系统的选择、部署和操作

41. GB/T 31722—2015 信息技术 安全技术 信息安全风险管理

（六）SWG-BDS 大数据安全标准特别工作组

1. GB/T 31167—2014 信息安全技术 云计算服务安全指南

2. GB/T 31168—2014 信息安全技术 云计算服务安全能力要求

(七)其他

1. GB/T 32918.5—2017 信息安全技术 SM2 椭圆曲线公钥密码算法 第 5 部分：参数定义

2. GB/T 33560—2017 信息安全技术 密码应用标识规范

3. GB/T 33561—2017 信息安全技术 安全漏洞分类

4. GB/T 33562—2017 信息安全技术 安全域名系统实施指南

5. GB/T 33563—2017 信息安全技术 无线局域网客户端安全技术要求(评估保障级 2 级增强)

6. GB/T 33565—2017 信息安全技术 无线局域网接入系统安全技术要求(评估保障级 2 级增强)

7. GB/T 30269.601—2016 信息技术 传感器网络 第 601 部分：信息安全：通用技术规范

8. GB/T 30976.1—2014 工业控制系统信息安全 第 1 部分：评估规范

9. GB/T 30976.2—2014 工业控制系统信息安全 第 2 部分：验收规范

10. GB/T 27910—2011 金融服务 信息安全指南

11. GB/T 25724—2017 公共安全视频监控数字视音频编解码技术要求

12. GB/T 28181—2016 公共安全视频监控联网系统信息传输、交换、控制技术要求

13. GB/T 26802.1—2011 工业控制计算机系统 通用规范 第 1 部分：通用要求

14. GB/T 26802.3—2011 工业控制计算机系统 通用规范 第 3 部分：设备用图形符号

15. GB/T 26802.4—2011 工业控制计算机系统 通用规范 第 4 部分：文字符号

16. GB/T 26802. 6—2011 工业控制计算机系统 通用规范 第6部分：验收大纲

17. GB/T 26803. 3—2011 工业控制计算机系统 总线 第3部分：系统外部总线 并行接口通用技术条件

18. GB/T 26805. 3—2011 工业控制计算机系统 软件 第3部分：文档管理指南

19. GB/T 26805. 4—2011 工业控制计算机系统 软件 第4部分：工程化文档规范

20. GB/T 26805. 5—2011 工业控制计算机系统 软件 第5部分：用户软件文档

21. GB/T 26806. 1—2011 工业控制计算机系统 工业控制计算机基本平台 第1部分：通用技术条件

22. GB/T 26806. 2—2011 工业控制计算机系统 工业控制计算机基本平台 第2部分：性能评定方法

23. GB/T 26804. 4—2011 工业控制计算机系统 功能模块模板 第4部分：模拟量输入输出通道模板性能评定方法

24. GB/T 26804. 6—2011 工业控制计算机系统 功能模块模板 第6部分：数字量输入输出通道模板性能评定方法

25. GB/T 14714—2008 微小型计算机系统设备用开关电源通用规范

26. GB/T 15533—1995 信息处理系统 小型计算机系统接口

27. GB/T 14085—1993 信息处理系统 计算机系统配置图符号及约定

28. GB/T 12118—1989 数据处理词汇 第21部分：过程计算机系统和技术过程间的接口

29. GB/T 33134—2016 信息安全技术 公共域名服务系统安全要求

30. GB/T 33133. 1—2016 信息安全技术 祖冲之序列密码算法 第1部分：算法描述

31. GB/T 33131—2016 信息安全技术 基于 IPSec 的 IP 存储网络安

全技术要求

32. GB/Z 24294. 2—2017 信息安全技术 基于互联网电子政务信息安全实施指南 第 2 部分：接入控制与安全交换(部分代替：GB/Z24294—2009)

33. GB/Z 24294. 3—2017 信息安全技术 基于互联网电子政务信息安全实施指南 第 3 部分：身份认证与授权管理(部分代替：GB/Z24294—2009)

34. GB/Z 24294. 4—2017 信息安全技术 基于互联网电子政务信息安全实施指南 第 4 部分：终端安全防护(部分代替：GB/Z24294—2009)

三、国家标准征求意见稿

1. 信息安全技术 智能卡安全技术要求(EAL4+)
2. 信息安全技术 病毒防治产品安全技术要求和测试评价方法
3. 信息安全技术 数控网络安全技术要求
4. 信息安全技术 移动应用网络安全评价规范
5. 信息安全技术 网络攻击定义及描述规范
6. 信息安全技术 数据库管理系统安全评估准则
7. 信息安全技术 金融信息保护规范
8. 信息安全技术 网络安全事件应急演练通用指南
9. 信息安全技术 ICT 供应链安全风险管理指南
10. 信息安全技术 网络安全威胁信息表达模型
11. 信息安全技术 可信计算规范 服务器可信支撑平台
12. 信息安全技术 可信计算规范 可信软件基
13. 信息安全技术 信息技术产品安全可控评价指标 第 1 部分：总则
14. 信息安全技术 信息技术产品安全可控评价指标 第 2 部分：中央处理器
15. 信息安全技术 信息技术产品安全可控评价指标 第 3 部分：操作系统

16. 信息安全技术 信息技术产品安全可控评价指标 第4部分：办公套件

17. 信息安全技术 信息技术产品安全可控评价指标 第5部分：通用计算机

18. 信息安全技术 智慧城市安全体系框架

19. 信息安全技术 智慧城市建设信息安全保障指南

20. 信息安全技术 桌面云安全技术要求

21. 信息安全技术 云计算服务运行监管框架

22. 信息安全技术 移动终端安全管理平台技术要求

23. 信息安全技术 物联网数据传输安全技术要求

24. 信息安全技术 大数据安全管理指南

25. 信息安全技术 网络安全监测基本要求与实施指南

26. 信息安全技术 Web应用安全检测系统安全技术要求和测试评价方法

27. 信息安全技术 操作系统安全技术要求

28. 信息安全技术 信息网络安全管理技术支撑平台技术要求

29. 信息安全技术 网络安全等级保护测试评估技术指南

30. 信息安全技术 网络安全等级保护基本要求 第1部分：安全通用要求

31. 信息安全技术 网络安全等级保护基本要求 第2部分：云计算安全扩展要求

32. 信息安全技术 网络安全等级保护基本要求 第3部分：移动互联安全扩展要求

33. 信息安全技术 网络安全等级保护基本要求 第4部分：物联网安全扩展要求

34. 信息安全技术 网络安全等级保护基本要求 第5部分：工业控制系统安全扩展要求

35. 信息安全技术 网络安全等级保护测评要求 第1部分：安全通

用要求

36. 信息安全技术 网络安全等级保护测评要求 第 2 部分：云计算安全扩展要求

37. 信息安全技术 网络安全等级保护测评要求 第 3 部分：移动互联安全扩展要求

38. 信息安全技术 网络安全等级保护测评要求 第 4 部分：物联网安全扩展要求

39. 信息安全技术 网络安全等级保护测评要求 第 5 部分：工业控制系统安全扩展要求

40. 信息安全技术 网络安全等级保护测评过程指南

41. 信息安全技术 网络安全等级测评机构能力要求和评估规范

42. 信息安全技术 网络安全等级保护安全管理中心技术要求

43. 信息安全技术 工业控制系统专用防火墙技术要求

44. 信息安全技术 工业控制系统网络审计产品安全技术要求

45. 信息安全技术 工业控制网络安全隔离与信息交换系统安全技术要求

46. 信息安全技术 物联网感知终端应用安全技术要求

47. 信息安全技术 保护轮廓和安全目标的产生指南

48. 信息安全技术 网络交换机安全技术要求

49. 信息安全技术 邮件服务器安全技术要求

50. 信息安全技术 安全办公 U 盘安全技术要求

51. 信息安全技术 办公信息系统安全可靠技术要求

52. 信息安全技术 办公信息系统安全可靠测试规范

53. 信息安全技术 办公信息系统安全可靠实施指南

54. 信息安全技术 大数据服务安全能力要求

55. 信息安全技术 个人信息安全规范

56. 信息安全技术 网络安全等级保护实施指南

57. 信息安全技术 工业控制系统漏洞检测技术要求及测试评价方法

58. 信息安全技术 工业控制网络监测安全技术要求及测试评价方法

59. 信息安全技术 工业控制系统信息安全检查指南

60. 信息安全技术 硬拷贝设备安全测试评价方法

61. 信息安全技术 网络安全等级保护设计技术要求 第1部分：通用设计要求

62. 信息安全技术 网络安全等级保护设计技术要求 第2部分：云计算安全要求

63. 信息安全技术 网络安全等级保护设计技术要求 第3部分：移动互联安全要求

64. 信息安全技术 网络安全等级保护设计技术要求 第4部分：物联网安全要求

65. 信息安全技术 网络安全等级保护设计技术要求 第5部分：工业控制安全要求

66. 信息安全技术 物联网安全参考模型及通用要求

67. 信息安全技术 物联网感知层网关安全技术要求

68. 信息安全技术 政府部门信息安全管理基本要求：补篇 信息安全管理制度参考模板

69. 信息安全技术 IT 安全运维管理指南

70. 信息技术 安全技术 IT 网络安全 第5部分：使用虚拟专用网的跨网通信安全保护

71. 信息安全技术 网站可信评估指标

72. 信息技术安全 技术信息安全事件管理 第1部分：事件管理原理

73. 信息安全技术 信息技术产品安全检测机构条件和行为准则

74. 信息安全技术 政务和公益机构域名命名规范

75. 信息技术 安全技术 信息安全管理体系 概述和词汇

76. 信息安全技术 密码模块安全要求

77. 信息安全技术 IPSec VPN 技术规范

78. 信息技术 安全技术 密钥管理 第1部分：框架

79. 信息技术 安全技术 密钥管理 第3部分：采用非对称技术的机制

80. 信息安全技术 射频识别系统密码应用技术要求 第1部分：密码安全保护框架及安全级别

81. 信息安全技术 射频识别系统密码应用技术要求 第2部分：电子标签与读写器及其通信密码应用技术要求

82. 信息安全技术 射频识别系统密码应用技术要求 第3部分：密钥管理技术要求

83. 信息安全技术 虹膜识别系统技术要求

84. 信息安全技术 公民网络电子身份标识安全技术要求 第1部分：公民网络电子身份标识读写机具安全技术要求

85. 信息安全技术 公民网络电子身份标识安全技术要求 第2部分：载体安全技术要求

86. 信息安全技术 公民网络电子身份标识安全技术要求 第3部分：验证服务协议

87. 信息安全技术 公民网络电子身份标识格式规范

88. 信息技术 安全技术 消息鉴别码 第3部分：采用泛杂凑函数的机制

89. 信息安全技术 基于可信环境的生物特征识别身份鉴别协议

90. 信息技术 安全技术 可鉴别的加密机制

91. 信息安全技术 鉴别与授权 访问控制中间件框架与接口

92. 信息安全技术 移动签名通用技术规范

93. 信息技术 安全技术 实体鉴别 第6部分：采用人工数据传递的机制

94. 信息安全技术 物联网感知层接入信息网络的安全技术要求

四、已发布的公开征求意见草案

信息安全技术数据出境安全评估指南(草案)

五、2017年信息安全国家标准项目计划清单

（一）WG3-密码技术标准工作组

1. 信息安全技术 SM9标识密码算法 第1部分：总则

2. 信息安全技术 SM9标识密码算法 第2部分：数字签名算法

3. 信息安全技术 动态口令密码应用技术规范

4. 信息安全技术 密码模块安全检测要求

5. 信息安全技术 签名验签服务器技术规范

6. 信息安全技术 安全电子签章密码技术规范

7. 信息安全技术 CTLS协议

（二）WG4-鉴别与授权工作组

1. 信息安全技术 基于生物特征识别的移动智能终端身份鉴别技术框架

2. 信息安全技术 手指静脉技术安全规范

（三）WG5-信息安全评估工作组

1. 信息安全技术 网络产品和服务安全 通用要求

2. 信息安全技术 智能联网设备口令保护指南

3. 信息安全技术 汽车电子系统网络安全要求

4. 信息安全技术 工业控制系统信息安全防护能力评价方法

5. 信息安全技术 应用软件安全编程指南

6. 信息安全技术 智能音视频采集设备应用安全要求

7. 信息安全技术 防火墙安全技术要求和测试评价方法

8. 信息安全技术 信息安全产品类别与代码

9. 信息安全技术 信息系统安全等级保护定级指南

10. 信息安全技术 互联网新闻信息服务新技术新应用安全评估实施规范

11. 信息安全技术 抗拒绝服务攻击产品安全技术要求和测试评价方法

12. 信息安全技术 网络智能家用电器信息技术安全框架与测评指南

13. 信息安全技术 物联网视频监控智能终端信息安全规范

(四)WG6-通信安全标准工作组

1. 信息安全技术 移动智能终端安全技术要求及测试评价方法

2. 信息技术 安全技术 网络安全 第1部分：综述和概念

3. 信息技术 安全技术 网络安全 第2部分：网络安全设计和实现指南

4. 信息安全技术 网络关键设备安全要求

(五)WG7-信息安全管理工作组

1. 信息安全技术 关键信息基础设施网络安全保护要求

2. 信息安全技术 关键信息基础设施安全保障指标体系

3. 信息安全技术 关键信息基础设施安全检查评估指南

4. 信息安全技术 关键信息基础设施安全控制要求

5. 信息安全技术 可信计算体系结构

6. 信息安全技术 社交网络平台信息标识规范

7. 信息安全技术 网络安全漏洞发现与报告管理指南

8. 信息技术安全技术 ISO/EC27001 具体行业应用要求

9. 信息安全技术 信息安全风险评估规范

10. 信息技术 安全技术 入侵检测和防御系统(IDPS)的选择、部署和操作

11. 信息技术 安全技术 信息安全管理体系审核和认证机构要求

12. 信息安全技术 关键信息基础设施安全等级保护技术框架

13. 信息安全技术 关键信息基础设施安全控制评估方法

14. 信息安全技术 可信平台控制模块(TPCM)规范

15. 信息安全技术 网络安全从业人员评价指南

16. 信息安全技术 网络空间安全人员岗位分类与能力要求

17. 信息安全技术 关键信息基础设施服务机构通用要求

18. 信息安全技术 国家关键信息基础设施信息共享规范

(六)SWG-BDS 大数据安全标准特别工作组

1. 信息安全技术 数据安全能力成熟度模型

2. 信息安全技术 大数据交易服务安全要求

3. 信息安全技术 个人信息安全影响评估指南

4. 信息安全技术 个人信息去标识化指南

5. 信息安全技术 数据出境安全评估指南

6. 信息安全技术 虚拟电子货币安全技术标准研究

7. 信息安全技术 大数据基础软件安全技术要求

8. 信息安全技术 大数据业务安全风险控制实施指南

9. 信息安全技术 数据安全分类分级实施指南

六、相关行产业部分标准

(一)公共安全行业标准

1. GA 1278—2015 信息安全技术 互联网服务安全评估基本程序及要求

2. GA 1277—2015 信息安全技术 互联网交互式服务安全保护要求

3. GA/T 1267—2015 公安物联网感知层信息安全技术导则

4. GA/T 1177—2014 信息安全技术 第二代防火墙安全技术要求

5. GA/T 695—2014 信息安全技术 网络通信审计产品技术要求

6. GA/T 403. 1—2014 信息安全技术 入侵检测产品安全技术要求 第1部分 网络型产品

7. GA/T 403. 2—2014 信息安全技术 入侵检测产品安全技术要求 第2部分 主机型产品

8. GA/T 698—2014 信息安全技术 信息过滤产品技术要求

9. GA/T 1142—2014 信息安全技术 主机安全检查产品安全技术要求

10. GA/T 1144—2014 信息安全技术 非授权外联监测产品安全技术要求

11. GA/T 1143—2014 信息安全技术 数据销毁软件产品安全技术要求

12. GA/T 1141—2014 信息安全技术 主机安全等级保护配置要求

13. GA/T 1140—2014 信息安全技术 Web 应用防火墙安全技术要求

14. GA/T 1137—2014 信息安全技术 抗拒绝服务攻击产品安全技术要求

15. GA/T 1138—2014 信息安全技术 主机资源访问控制产品安全技术要求

16. GA/T 1139—2014 信息安全技术 数据库扫描产品安全技术要求

17. GA/T 1106—2013 信息安全技术 电子签章产品安全技术要求

18. GA/T 1105—2013 信息安全技术 终端接入控制产品安全技术要求

19. GA/T 1107—2013 信息安全技术 Web 应用安全扫描产品安全技术要求

20. GA/T 988—2012 信息安全技术 文件加密产品安全技术要求

21. GA/T 986—2012 信息安全技术 反垃圾邮件产品安全技术要求

22. GA/T 987—2012 信息安全技术 USB 移动存储介质管理系统安全技术

23. GA/T 989—2012 信息安全技术 电子文档安全管理产品安全技术要求要求

24. GA/T 910—2010 信息安全技术 内网主机监测产品安全技术要求

25. GA/T 911—2010 信息安全技术 日志分析产品安全技术要求

26. GA/T 912—2010 信息安全技术 主机信息泄露防护产品安全技术要求

27. GA/T 913—2010 信息安全技术 数据库安全审计产品安全技术要求

28. GA/T 708—2007 信息安全技术 信息系统安全等级保护体系框架

29. GA/T 709—2007 信息安全技术 信息系统安全等级保护基本模型

30. GA/T 710—2007 信息安全技术 信息系统安全等级保护基本配置

31. GA/T 711—2007 信息安全技术 应用软件系统安全等级保护通用技术

32. GA/T 712—2007 信息安全技术 应用软件系统安全等级保护通用测试指南

33. GA/T 713—2007 信息安全技术 信息系统安全管理测评指南

34. GA/T 699—2007 信息安全技术 计算机网络入侵报警通讯交换技术要求

35. GA/T 700—2007 信息安全技术 计算机网络入侵分级要求

36. GA/T 696—2007 信息安全技术 单机防入侵产品安全功能要求

37. GA/T 697—2007 信息安全技术 静态网页恢复产品安全功能要求

38. GA/T 685—2007 信息安全技术 交换机安全评估准则

39. GA/T 686—2007 信息安全技术 虚拟专用网安全技术要求

40. GA/T 687—2007 信息安全技术 公钥基础设施安全技术要求

41. GA/T 684—2007 信息安全技术 交换机安全技术要求

42. GA/T 681—2007 信息安全技术 网关安全技术要求

43. GA/T 682—2007 信息安全技术 路由器安全技术要求

44. GA/T 683—2007 信息安全技术 防火墙安全技术要求

45. GA/T 672—2006 信息安全技术 终端计算机系统安全等级评估准则

46. GA/T 671—2006 信息安全技术 终端计算机系统安全等级技术要求

（二）工业和信息化部已发布的通信行业网络安全标准（截至 2013 年 12 月 31 日）

安全体系

1. YD/T 849—1996 开放系统互连安全体系结构

2. YD/T 1163—2001 IP 网络安全技术要求——安全框架

3. YD/T 1478—2006 电信管理网安全技术要求

4. YD/T 1486—2006 承载电信级业务的 IP 专用网络安全框架

5. YD/T 1613—2007 公众 IP 网络安全要求——安全框架

6. YD/T 1666—2007 远程视频监控系统的安全技术要求

7. YD/T 1414—2007 2GHz TD-SCDMA/WCDMA 数字蜂窝移动通信网 IP 多媒体子系统安全技术要求(第二阶段)

8. YD/T 1415—2008 2GHz TD-SCDMA/WCDMA 数字蜂窝移动通信网安全技术要求(第二阶段)

9. YD/T 1800—2008 信息安全运行管理系统总体架构

10. YD/T 1801—2008 2GHz TD-SCDMA/WCDMA 数字蜂窝移动通信网 IP 多媒体子系统安全技术要求(第一阶段)

11. YD/T 1857—2009 2GHz TD-SCDMA/WCDMA 数字蜂窝移动通信网 IP 多媒体子系统安全技术要求(第二阶段)

12. YD/T 1858—2009 2GHz TD-SCDMA/WCDMA 数字蜂窝移动通信网通用认证架构(第二阶段)

13. YD/T 1909—2009 运营商提供的虚拟专用网安全技术要求

14. YD/T 2036—2009 基于终端安全评估的移动网络接入安全技术要求

15. YD/T 2091—2010 公共域名解析系统安全技术要求

16. YD/T 2079—2010 800MHz/2GHz cdma2000 数字蜂窝移动通信网多媒体域(MMD)系统安全技术要求

17. YD/T 2095—2010 基于公用电信网的宽带客户网络安全技术要求

18. YD/T 2140—2010 域名服务系统安全框架技术要求

19. YD/T 2249—2011 多媒体消息服务(MMS)系统安全框架

20. YD/T 2250—2011 无线应用协议(WAP)系统安全框架

21. YD/T 2253—2011 软交换网络通信安全

22. YD/T 2258—2011 移动通信网安全术语集

23. YD/T 2261—2011 IPTV 业务安全体系架构

24. YD/T 2386—2011 数据通信网络与开放系统互联安全架构 端到端通信

25. YD/T 2387—2011 网络安全监控系统技术要求

26. YD/T 2591—2013 统一 IMS 媒体面安全技术要求

安全防护

1. YD/T 1728—2008 电信网和互联网安全防护管理指南

2. YD/T 1729—2008 电信网和互联网安全等级保护实施指南

3. YD/T 1730—2008 电信网和互联网安全风险评估实施指南

4. YD/T 1731—2008 电信网和互联网灾难备份及恢复实施指南

5. YD/T 1732—2008 固定通信网安全防护要求

6. YD/T 1733—2008 固定通信网安全防护检测要求

7. YD/T 1734—2009 移动通信网安全防护要求

8. YD/T 1735—2009 移动通信网安全防护检测要求

9. YD/T 1736—2009 互联网安全防护要求

10. YD/T 1737—2009 互联网安全防护检测要求

11. YD/T 1738—2008 增值业务网——消息网安全防护要求

12. YD/T 1739—2008 增值业务网——消息网安全防护检测要求

13. YD/T 1740—2008 增值业务网——智能网安全防护要求

14. YD/T 1741—2008 增值业务网——智能网安全防护检测要求

15. YD/T 1742—2008 接入网安全防护要求

16. YD/T 1743—2008 接入网安全防护检测要求

17. YD/T 1744—2009 传送网安全防护要求

18. YD/T 1745—2009 传送网安全防护检测要求

19. YD/T 1746—2013 IP 承载网安全防护要求

20. YD/T 1747—2013 IP 承载网安全防护检测要求

21. YD/T 1748—2008 信令网安全防护要求

22. YD/T 1749—2008 信令网安全防护检测要求

23. YD/T 1750—2008 同步网安全防护要求

24. YD/T 1751—2008 同步网安全防护检测要求

25. YD/T 1752—2008 支撑网安全防护要求

26. YD/T 1753—2008 支撑网安全防护检测要求

27. YD/T 1754—2008 电信网和互联网物理环境安全等级保护要求

28. YD/T 1755—2008 电信网和互联网物理环境安全等级保护检测要求

29. YD/T 1756—2008 电信网和互联网管理安全等级保护要求

30. YD/T 1757—2008 电信网和互联网管理安全等级保护检测要求

31. YD/T 1758—2008 非核心生产单元安全防护要求

32. YD/T 1759—2008 非核心生产单元安全防护检测要求

33. YD/T 2052—2009 域名系统安全防护技术要求

34. YD/T 2053—2009 域名系统安全防护检测要求

35. YD/T 2092—2010 网上营业厅安全防护要求

36. YD/T 2093—2010 网上营业厅安全防护检测要求

37. YD/T 2239—2011 增值业务网——即时消息业务系统安全防护要求

38. YD/T 2240—2011 增值业务网——即时消息业务系统安全防护检测要求

39. YD/T 2241—2011 WAP 网关系统安全防护要求

40. YD/T 2242—2011 WAP 网关系统安全防护检测要求

41. YD/T 2244—2011 电信网和互联网信息服务业务系统安全防护检测要求

42. YD/T 2245—2011 域名注册系统安全防护要求

43. YD/T 2246—2011 域名注册系统安全防护检测要求

44. YD/T 2584—2013 互联网数据中心安全防护要求

45. YD/T 2585—2013 互联网数据中心安全防护检测要求

46. YD/T 2589—2013 内容分发网(CDN)安全防护要求

47. YD/T 2590—2013 内容分发网(CDN)安全防护检测要求

设备安全

1. YD/T 1358—2005 路由器设备安全技术要求——中低端路由器(基于 IPv4)

2. YD/T 1359—2005 路由器设备安全技术要求——高端路由器(基于 IPv4)

3. YD/T 1535—2006 公用电信网设备安全技术要求——主叫用户号码信息

4. YD/T 1627—2007 以太网交换机设备安全技术要求

5. YD/T 1629—2007 具有路由功能的以太网交换机设备安全技术要求

6. YD/T 1658—2007 宽带网络接入服务器安全技术要求

7. YD/T 1905—2009 IPv6 网络设备安全技术要求——宽带网络接入服务器

8. YD/T 1906—2009 IPv6 网络设备安全技术要求——核心路由器

9. YD/T 1907—209 IPv6 网络设备安全技术要求——边缘路由器

10. YD/T 2042—2009 IPv6 网络设备安全技术要求——具有路由功能的以太网交换机

11. YD/T 2040—2009 基于软交换的媒体网关安全技术要求

12. YD/T 1910—2009 接入网安全技术要求——综合接入系统

13. YD/T 2046—2009 接入网安全技术要求——xDSL 用户端设备

14. YD/T 2048—2009 接入网安全技术要求——DSL 接入服用器(DSLAM)设备

15. YD/T 2050—2009 接入网安全技术要求——无源光网络(PON)设备

16. YD/T 2255—2011 信息安全运行管理系统(SOC)与被监控设备接口技术要求

17. YD/T 2256—2011 对支持SIP协议设备的安全性技术要求

18. YD/T 2376.1—2011 传送网设备安全技术要求 第1部分：SDH设备

19. YD/T 2376.2—2011 传送网设备安全技术要求 第2部分：WDM设备

20. YD/T 2376.3—2011 传送网设备安全技术要求 第3部分：基于SDH的MSTP设备

21. YD/T 2376.4—2011 传送网设备安全技术要求 第4部分：基于SDH的ASON设备

22. YD/T 2384—2011 Web应用防火墙技术要求

23. YD/T 2385—2011 统一威胁管理(UTM)系统技术要求

24. YD/T 2558—2013 基于祖冲之算法的LTE终端和网络设备安全技术要求

25. YD/T 2559—2013 基于祖冲之算法的LTE终端和网络设备安全测试方法

26. YD/T 2681—2013 双栈防火墙设备测试方法

27. YD/T 2666—2013 双栈防火墙设备技术要求

安全服务

1. YD/T 1621—2007 网络与信息安全服务资质评估准则

2. YD/T 1726—2007 2GHz TD-SCDMA/WCDMA 数字蜂窝移动通信网呈现(Presence)业务安全技术要求

3. YD/T 1727—2007 2GHz cdma2000数字蜂窝移动通信网广播多播业务(BCMCS)安全技术要求

4. YD/T 1799—2008 网络与信息安全应急处理服务资质评估方法

5. YD/T 2252—2011 网络与信息安全风险评估服务能力评估方法

6. YD/T 2669—2013 电信网和互联网第三方安全服务资质评估准则

协议安全

1. YD/T 1466—2006 IP安全协议(IPSec)技术要求

2. YD/T 1467—2006 IP 安全协议(IPSec)测试方法

3. YD/T 1614—2007 公众 IP 网络安全要求——基于数字证书的访问控制

4. YD/T 1615—2007 公众 IP 网络安全要求——基于远端接入用户验证服务协议(RADIUS)的访问控制

5. YD/T 1701—2007 H. 323 网络安全技术要求

6. YD/T 1897—2009 互联网密钥交换协议(IKEv2)技术要求

7. YD/T 1898—2009 互联网密钥交换协议(IKEv2)测试方法

8. YD/T 2094. 1—2010 安全断言标记语言 第 1 部分：绑定

9. YD/T 2094. 2—2010 安全断言标记语言 第 2 部分：断言和协议

10. YD/T 2094. 3—2010 安全断言标记语言 第 3 部分：模式定义

11. YD/T 2094. 4—2010 安全断言标记语言 第 4 部分：认证上下文

12. YD/T 2094. 5—2010 安全断言标记语言 第 5 部分：一致性要求

13. YD/T 2094. 6—2010 安全断言标记语言 第 6 部分：应用配置

14. YD/T 2094. 7—2010 安全断言标记语言 第 7 部分：元数据

15. YD/T 2300—2011 可扩展的访问控制标记语言

16. YD/T 2586—2013 域名服务系统安全扩展(DNSSEC)协议和实现要求

<u>移动互联网安全</u>

1. YD/T 1699—2007 移动终端信息安全技术要求

2. YD/T 2407—2013 智能终端信息安全移动终端安全能力技术要求

3. YD/T 2408—2013 智能终端信息安全移动终端安全能力测试方法

4. YD/T 2439—2012 移动互联网恶意程序描述格式

5. YD/T 2587—2013 移动互联网应用商店安全防护要求

6. YD/T 2588—2013 移动互联网应用商店安全防护检测要求

7. YD/T 2674—2013 移动智能终端信息安全设计导则

<u>其他</u>

1. YD/T 1625—2007 电信智能卡安全技术要求

2. YD/T 1826—2008 网络安全应急处理小组建设指南

3. YD/T 2038—2009 移动通信网—应用服务端到端通信—密钥管理

4. YD/T 2039—2009 移动通信网—应用服务端到端通信—认证机制

5. YD/T 2251—2011 国家网络安全应急处理平台安全信息获取接口要求

6. YD/T 2382—2011 联网软件安全行为规范

7. YD/T 2383—2011 互联网主机恶意程序描述格

8. YD/T 2388—2011 网络脆弱性指数评估方

9. YD/T 2389—2011 网络威胁指数评估方法

10. YD/T 2391—2011 IP 存储网络安全技术要求

11. YD/T 2392—2011 IP 存储网络安全测试方法

12. YD/T 2393—2011 第三方灾备数据交换技术要求

13. YD/T 2394—2011 灾备数据一致性测试方法

14. YD/T 2432—2012 因特网数据中心(1DC)和因特网接入服务商(ISP)接入资源管理平台技术要求和接口规范

15. YD/T 2440—2012 通信虚拟磁带库(VTL)安全技术要求

16. YD/T 2494—2013 通信虚拟磁带库(VTL)安全测试方法

17. YD/T 2592—2013 身份管理(ldM)术语

18. YD/T 2390—2011 通信存储介质(SSD)加密安全技术要求

19. YD/T 2665—2013 通信存储介质(SSD)加密安全测试方法

20. YD/T 2667—2013 基于 Web 方式的以太网接入身份认证技术要求

21. YD/T 2668—2013 电信网络异常流量检测与控制技术要求

(三)工业和信息化部 2014 年新发布 18 项通信行业网络与信息安全标准

1. YD/T 2692—2014 电信和互联网用户个人电子信息保护通用技术要求和管理要求

2. YD/T 2693—2014 电信和互联网用户个人电子信息保护检测要求

3. YD/T 2694—2014 移动互联网联网应用安全防护要求

4. YD/T 2695—2014 移动互联网联网应用安全防护检测要求

5. YD/T 2696—2014 公众无线局域网网络安全防护要求

6. YD/T 2697—2014 公众无线局域网网络安全防护检测要求

7. YD/T 1746—2014 IP 承载网安全防护要求

8. YD/T 1747—2014 IP 承载网安全防护检测要求

9. YD/T 2698—2014 电信网和互联网安全防护基线配置要求及检测要求 网络设备

10. YD/T 2699—2014 电信网和互联网安全防护基线配置要求及检测要求 安全设备

11. YD/T 2700—2014 电信网和互联网安全防护基线配置要求及检测要求 数据库

12. YD/T 2701—2014 电信网和互联网安全防护基线配置要求及检测要求 操作系统

13. YD/T 2702—2014 电信网和互联网安全防护基线配置要求及检测要求 中间件

14. YD/T 2703—2014 电信网和互联网安全防护基线配置要求及检测要求 Web 应用系统

15. YD/T 2704—2014 电信信息服务的安全准则

16. YD/T 2705—2014 持续数据保护(CDP)灾备技术要求

17. YD/T 2706—2014 园区网间用户标识与属性互通技术要求

18. YD/T 2707—2014 互联网主机网络安全属性描述格式

(四)工业和信息化部已发布的 2016 年通信行业网络安全标准

1. YD/T 3008—2016 域名服务安全状态检测要求

2. YD/T 3009—2016 对支持 H. 248 协议设备的安全性测试方法

3. YD/T 3010—2016 对支持 H. 248 协议设备的安全性技术要求

4. YD/T 3038—2016 钓鱼攻击举报数据交换协议技术要求

5. YD/T 2844. 5—2016 移动终端可信环境技术要求 第 5 部分：与

输入输出设备的安全交互

6. YD/T 3039—2016 移动智能终端应用软件安全技术要求

7. YD/T 3148—2016 云计算安全框架

8. YD/T 3149—2016 面向移动互联网的公共认证授权体系技术要求

9. YD/T 3150—2016 网络电子身份标识 eID 验证服务接口技术要求

10. YD/T 3151—2016 网络电子身份标识 eID 桌面应用接口技术要求

11. YD/T 3152—2016 网络电子身份标识 eID 移动应用接口技术要求

12. YD/T 3153—2016 Web 应用安全评估系统技术要求

13. YD/T 3154—2016 网络电子身份标识 eID 验证服务接口测试方法

14. YD/T 3155—2016 网络电子身份标识 eID 移动应用接口测试方法

15. YD/T 3156—2016 网络电子身份标识 eID 桌面应用接口测试方法

16. YD/T 2053—2016 域名系统安全防护检测要求

17. YD/T 2243—2016 电信网和互联网信息服务业务系统安全防护要求

18. YD/T 2585—2016 互联网数据中心安全防护检测要求

19. YD/T 3157—2016 公有云服务安全防护要求

20. YD/T 3158—2016 公有云服务安全防护检测要求

21. YD/T 3159—2016 互联网接入服务系统安全防护要求

22. YD/T 3160—2016 互联网接入服务系统安全防护检测要求

23. YD/T 3161—2016 邮件系统安全防护要求

24. YD/T 3162—2016 邮件系统安全防护检测要求

25. YD/T 3163—2016 网络交易系统安全防护要求

26. YD/T 3164—2016 互联网资源协作服务信息安全管理系统技术

要求

27. YD/T 3165—2016 内容分发网络服务信息安全管理系统技术要求

28. YD/T 3166—2016 IPv4/IPv6 过渡场景下基于 SAVI 技术的源地址验证及溯源技术要求

29. YD/T 3167—2016 移动伪基站网络侧监测技术要求

30. YD/T 3169—2016 互联网新技术新业务信息安全评估指南

（五）工业和信息化部 2017 年第一批行业标准制修订计划（网络和信息安全领域部分）

1. 2017-0296T-YD 网络和信息安全——网络安全 SDN 网络安全能力要求

2. 2017-0297T-YD 网络和信息安全——网络安全 大数据处理平台安全基线要求应用及基础设施平台

3. 2017-0298T-YD 网络和信息安全——业务安全 互联网新技术新业务安全评估要求 大数据技术应用与服务

4. 2017-0299T-YD 网络和信息安全——业务安全 互联网新技术新业务安全评估要求 互联网资源协作服务

5. 2017-0300T-YD 网络和信息安全——业务安全 互联网新技术新业务安全评估要求 信息搜索查询服务

6. 2017-0301T-YD 网络和信息安全——安全管理 视频监控系统网络安全技术要求

7. 2017-0302T-YD 网络和信息安全——安全管理 通信行业数据开放共享安全管理要求

8. 2017-0303T-YD 网络和信息安全——业务安全 增值电信业务信息安全保障基线要求

9. 2017-0306T-YD 网络和信息安全——业务安全 基于互联网的实人认证系统技术要求

10. 2017-0307T-YD 网络和信息安全——网络安全 中文仿冒域名检

测规范

11. 2017-0311T-YD 网络和信息安全——网络安全 SDN 网络安全能力检测要求

12. 2017-0312T-YD 网络和信息安全——业务安全 电信网络中反不良语音信息的技术手段

13. 2017-0313T-YD 网络和信息安全——安全管理 木马和僵尸网络检测与处置系统数据接口技术要求

14. 2017-0314T-YD 网络和信息安全——安全管理 视频监控系统网络安全评估指南

15. 2017-0315T-YD 网络和信息安全——安全管理 移动互联网恶意程序检测引擎评价指标和方法

16. 2017-0316T-YD 网络和信息安全——安全管理 移动互联网应用程序开发者数字证书管理平台技术要求

17. 2017-0317T-YD 网络和信息安全——业务安全 移动终端应用开发安全能力评估方法

18. 2017-0318T-YD 网络和信息安全——网络安全 应用防护增强型防火墙技术要求

19. 2017-0319T-YD 网络和信息安全——网络安全 移动通信网络设备安全保障通用要求

20. 2017-0320T-YD 网络和信息安全——网络安全 移动通信网络设备安全保障要求 移动性管理实体(MME)

21. 2017-0321T-YD 网络和信息安全——业务安全 域名解析服务隐私泄露风险防护 效用评价指标和方法